2021年教育部人文社会科学研究青年基金项目"数字经济对绿色发展效率的影响：理论机制、经验证据与政策研究"（21YJC790022）的研究成果；

2022年安徽省高校优秀青年科研项目（2022AH030102）；

安庆师范大学学术著作出版基金资助

U0148217

数字经济、信息通信技术与绿色发展

丁玉龙◎著

安徽师范大学出版社
ANHUI NORMAL UNIVERSITY PRESS

·芜湖·

图书在版编目（CIP）数据

数字经济、信息通信技术与绿色发展 / 丁玉龙著 .—芜湖：安徽师范大学出版社，2022.12

ISBN 978-7-5676-5845-5

Ⅰ.①数… Ⅱ.①丁… Ⅲ.①信息经济—研究 Ⅳ.①F49

中国版本图书馆CIP数据核字（2022）第173162号

数字经济、信息通信技术与绿色发展

丁玉龙◎著

责任编辑：孔令清　　　　　　　责任校对：吴毛顺　吴丹阳
装帧设计：张德宝　姚　远　　　责任印制：桑国磊
出版发行：安徽师范大学出版社
　　　　　芜湖市北京东路1号安徽师范大学赭山校区　　邮政编码：241000
网　　址：http://www.ahnupress.com/
发 行 部：0553-3883578　5910327　5910310（传真）
印　　刷：江苏凤凰数码印务有限公司
版　　次：2022年12月第1版
印　　次：2022年12月第1次印刷
规　　格：700 mm×1000 mm　1/16
印　　张：12
字　　数：200千字
书　　号：ISBN 978-7-5676-5845-5
定　　价：45.00元

凡发现图书有质量问题，请与我社联系（联系电话：0553-5910315）

目　录

导　论

我国进入新时代，如何提高资源利用效率和经济增长活力，减少污染排放，以提升绿色经济效率，实现绿色发展，是党和人民非常关切的问题。绿色发展是新时代经济发展的重要目标，也是构建高质量现代化经济体系的必然要求。新时代实现绿色发展具有必要性，同时也面临良好的政策机遇。在全球数字经济浪潮的背景下，信息通信技术的发展为经济增长提供了新动力，促进产业结构升级，催生了新产品、新业态和新模式，对经济社会发展产生了深远影响，为绿色发展带来了新的机遇。本部分引领全书，主要阐述研究背景与意义，对重要概念进行界定，介绍使用的数据和研究方法，明确研究思路和研究内容，最后说明研究目标和主要创新之处。

第一节　研究背景与意义

一、研究背景

（一）新时代绿色发展的必要性

改革开放以后，我国凭借低劳动力、低自然资源成本优势，积极参与国际分工与合作，经济快速增长，取得了举世瞩目的成就。我国经济发展进入新常态后，原有的低生产要素成本优势逐渐丧失，资源约束的问题愈发严峻，环境污染问题仍需继续解决。

在能源消耗方面，根据世界银行统计，2017年我国GDP在全球占比为15.10%，而据《bp世界能源统计年鉴（2018年）》显示，2017年我国能源消费全球占比高达23.20%，是全球最大的能源消费国，同时单位GDP能耗为3.10吨油当量/万美元。能源利用效率低下，表明我国在经济增长过程中付出了较大的能源消耗代价（杜朝晖，2017）。长期以来，在环境污染方面，我国二氧化硫、氮氧化物、污水和固体废弃物排放量位居全球前列。从城市层面来看，根据《2017中国生态环境状况公报》显示，2017年我国338个地级及以上城市中，有239个城市环境空气质量污染指数超标，超标城市数量占比高达70.70%，环境污染问题严重。在绿色发展水平方面，2018年4月26日，中国人民大学国家发展与战略研究院、中国人民大学首都发展与战略研究院发布了《绿色之路——中国经济绿色发展报告2018》，报告从经济发展、可持续性和绿色发展能力三个维度，测算了2017年我国31个省（市、区）和100个城市的绿色发展水平。结果表明，从整体上看，我国绿色发展水平较低，平均得分为46，表明当前我国经济发展对资源和环境的依赖性依然较强。因此，新时代传统的粗放型经济增长方式已难以为继，转变经济发展方式迫在眉睫。绿色发展是破解当下资源与环境约束问题、突破经济发展瓶颈的重要目标，也是满足人民对美好生活需要的必然要求，实现绿色发展具有必要性。

（二）新时代绿色发展的新机遇

绿色发展是新时代经济高质量发展的重要内容，十八大以来，中央对绿色发展和生态文明建设既进行了顶层设计，又作出了严密的工作部署。2012年11月，十八大报告首次提出"美丽中国"建设，强调将生态文明建设置于突出地位，并把其纳进社会主义现代化建设的布局中。报告指出要"着力推进绿色发展、循环发展、低碳发展，形成节约资源和保护环境的空间格局、产业结构、生产方式、生活方式"，阐明了实现绿色发展的目标和方式。2015年10月，十八届五中全会将绿色发展作为五大发展理念之一，提出了实现绿色发展的重要举措，要注重实现生产方式以及生活方式的绿色化。2017年10月，十九大报告中将生态文明建设进一步提升为千年大计，再一次强调建设"美丽中国"，突出"绿水青山就是金山银山"的绿色发展理念，并将这一理念纳入《中国共产党章程》的总纲中。十九大报告还指出，要推进绿色发展，着力解决突出环境问题，加强对大气污染、水污染和土壤污染的治理。2019年3月，李克强总理在《政府工作报告》中，从污染防治、绿色环保产业和生态系统保护修复三个方面对我国绿色发展和生态文明建设提出了具体要求。2019年10月，十九届四中全会指出要坚持和完善生态文明制度体系，并对生态环境保护、修复和资源高效利用等制度的建立与完善作出要求。2020年10月，十九届五中全会进一步提出，"要加快推动绿色低碳发展，持续改善环境质量，提升生态系统质量和稳定性，全面提高资源利用效率"。这一系列的重要会议精神充分体现新时代党中央对绿色发展的高度重视，以及实现绿色发展的坚定决心。因此，新时代我国绿色发展面临良好的政策机遇。

(三)信息通信技术为经济增长提供新动力

当前，全球正在经历着一场深刻的技术变革，以互联网、大数据和云计算为代表的新一代信息通信技术对传统的产业和商业模式进行改造与重构，促进产业结构升级，引发新产品、新业态和新模式的产生，催生了数字经济这一新的经济形态（张辉、石琳，2019），为经济增长提供了新动力。在此背景下，世界各国均将发展数字经济视为提高国家产业和经济竞争力的重要手段和途径，纷纷出台了数字经济发展的相关文件。2015年11月，美国发布了《数字经济议程》，将发展数字经济作为经济增长的关键，并从四个方面对发展数字经济进行部署。2017年11月，英国制定《英国数字化战略》，对如何推进国家数字经济进一步发展作出了详细的规划。2018年11月，德国提出"建设数字化"战略，重点强调了政府应对数字化转型的主要任务，并提出了五大行动领域。

我国非常重视信息通信技术和数字经济发展，十九大报告指出，要不断促进互联网、大数据、人工智能与实体经济融合，推进网络强国和数字中国的建设。2018年4月，习近平在全国网络安全和信息化工作会议上强调，要发展数字经济，加快推动数字产业化，依靠信息技术创新驱动，不断催生新产业、新业态和新模式，用新动能推动新发展。在政策文件层面上，我国主动抓住数字经济发展契机，相继出台了《关于积极推进"互联网+"行动的指导意见》《促进大数据发展行动纲要》《云计算发展三年行动计划（2017—2019年）》《新一代人工智能发展规划》等一系列指导性文件。2021年3月，全国两会审议通过的《中华人民共和国国民经济和社会发展第十四个五年规划和2035年远景目标纲要》中指出，加快发展数字经济，推进数字产业化和产业数字化，推动数字经济和实体经济深度融合。

在国家政策支持和推动下，我国信息通信技术快速发展。2018年12月，工业和信息化部向中国移动、中国联通、中国电信三大运营商发放了5G系统中低频段试验频率使用许可，我国正式进入5G时代。2019年，5G网络在北京、上海、广州、深圳、武汉等18座城市开始试点，5G的技术研发工作取得了进一步的突破，大数据、云计算和人工智能等信息通信技术也有新的进展。与此同时，我国积极融入全球数字经济浪潮，数字经济规模逐渐扩大，成为经济发展的新动力、新引擎。根据中国信息通信研究院数据显示，2008—2020年，我国数字经济规模由4.81万亿元增至39.20万亿元，年均增幅28.66%，在GDP中的占比由15.20%增加到38.60%。

（四）信息通信技术与绿色经济效率

绿色经济效率是综合考虑经济增长、资源消耗和环境污染后的经济效率（林伯强、谭睿鹏，2019），它是绿色发展的核心和本质体现。近年来，我国传统的经济增长动力正在逐步弱化，经济增速下行，资源与环境约束问题愈发突出，因此急需转变经济发展方式，以新技术促进新产品、新业态和新模式的产生，提高资源利用效率，减少能源消耗和污染排放，提升绿色经济效率水平，促进绿色发展。在数字经济的背景下，信息通信技术的发展为经济增长提供了新动力，推动经济增长提质增效，那么它是否有助于破解当前存在的资源与环境约束问题，提高绿色经济效率？这是本书试图解决的问题之一。我国东部、中部、西部三大区域的信息通信技术人才规模、技术创新和经济发展水平等不同，信息通信技术对各区域绿色经济效率的影响存在怎样的差异？这是本书试图解决的问题之二。信息通信技术对绿色经济效率的影响机制是什么？这是本书试图解决的问题之三。

二、研究意义

（一）理论意义

丰富了经济增长理论。传统的经济增长理论只考虑了劳动力、资本和土地等生产要素投入以及经济产出，即GDP（国内生产总值），而绿色经济效率在此基础之上，进一步加入了环境污染要素，考虑了经济增长、资源节约和环境污染后的综合指标，因此能够更加全面、真实地衡量经济增长质量。

基于信息通信技术的视角，实证研究其对绿色经济效率的影响，将二者置于统一的分析框架中，并厘清其中的作用机制。这不仅丰富了信息经济学和绿色经济效率的实证研究，而且拓展了信息通信技术影响绿色经济效率的理论机制研究。

对网络效应理论进行了检验。基于东部、中部和西部的区域比较视角，探究信息通信技术对不同区域绿色经济效率影响的差异性，进一步检验了信息通信技术的网络效应理论。

（二）现实意义

在当前低劳动力、低自然资源成本优势逐渐丧失，资源约束问题愈发严峻，环境污染问题仍需继续解决的背景下，我国正摆脱传统的高投入、高能耗和高排放的经济增长方式。在经济增长的同时，应兼顾资源消耗和环境污染要素，通过低资源消耗、低污染排放，创造高产出，以提高绿色经济效率。这与新时代经济高质量发展的要求相符，也契合绿色发展的新理念、新思想。因此，本书关于绿色经济效率的研究紧扣时代背景和经济发展要求，具有现实意义。

在数字经济背景下，信息通信技术对人们的生活、企业生产以及经济社会发展产生了更加积极的作用。本书研究对于提升信息通信技术水平，增强对信息通信技术的吸收与应用能力，以进一步提高绿色经济效率具有参考价值。

现阶段，我国区域数字鸿沟依然明显，不仅体现在东部与中西部之间的数字鸿沟上，而且反映在省际层面，即不同省份之间的数字鸿沟仍然较大。本书研究有益于推动落后地区宽带网络的建设和发展，提高其信息通信技术水平，进而缩小区域数字鸿沟。

由于我国各地区技术创新水平、产业结构层次和经济基础等条件不同，绿色经济效率存在区域差距。在区域协调发展的背景下，本书研究对于提高信息通信技术水平，提升落后地区的绿色经济效率，不断缩小区域之间绿色经济效率的差距，促进区域协调发展等方面具有一定的积极意义。

第二节　重要概念的界定

一、数字经济

数字经济（Digital Economy）体现的是数字产业化和产业数字化。2021年6月，国家统计局发布了《数字经济及其核心产业统计分类（2021）》，将数字经济及其核心产业进行了详细分类，共分为五大类。目前，关于数字经济并没有统一形式的内涵界定。1996年，数字经济的概念最早被提出，学者认为数字经济是一种新的经济形态，它是知识经济的一种重要体现，是经济发展的新趋势；并强调随着时代变迁和信息经济发展，互联网和电子商务对经济社会发展产生的影响越来越重要，这一点需要我们给予足够关注。在此基础上，后来诸多学者和机构从不同角度和层面对数字经济的内涵进行了进一步的界定和讨论。在国内学者的一些研究中，马建堂（2018）认为，数字经济的内涵是信息技术的市场化，是新一代信息技术的广泛应用结果，进而由此产生了诸多新产业、新业态和新模式。荆文君、孙宝文（2019）将数字经济的内涵理解为：通过广泛应用互联网技术，进而产生一系列的经济活动，是经济发展的新趋势。

诸多学者研究指出，数字经济与信息通信技术具有紧密的联系，特别是在新一代信息通信技术快速发展、愈发先进和广泛应用的新背景下，二者不可分割。在相关研究方面，裴长洪、倪江飞、李越（2018）研究认为，信息通信技术是数字经济快速发展的重要手段和驱动力。董有德、米筱筱（2019）研究指出，随着新一代信息技术的产生与快速发展和人们对数字经济认识程度的不断加深，数字经济的内涵变得更加广泛、丰富，它是经济发展的新动力、新趋势。张于喆（2018）进一步指出，数字经济具有较强的技术属性和广泛的渗透性，能够在较大程度上强力助推产业结构转型升级。此外，张辉、石琳（2019）通过研究还发现，随着经济快速发展以及信息通信技术的广泛应用，数字经济在农业、制造业和服务业中的重要性不断提升，这有助于优化产业结构，促进产业结构升级，提高各产业的质量。

二、信息通信技术

在阐释信息通信技术的概念之前，先了解信息技术与通信技术两个基本概念。

信息技术（IT）是指用于存储、管理和分析信息所利用的各种技术。一般地，基于表现形态的划分，信息技术可以分为硬件技术和软件技术。其中，硬件技术是指信息存储的主机和各种设备，比如电话、手机和电脑等；软件技术是指用于获取、分析和应用信息的各种软件和技术，如各种计算机程序和软件、数据分析技术等。

通信技术（CT）是指用于信息传递的各种方式与技术的总称。电报的发明是通信技术产生的源泉，早期的通信技术还包括电话机、收音机和电视机等。随着通信技术的进一步发展，20世纪80年代以来，逐渐产生了以光纤通信、无线通信和卫星通信为代表的通信技术。在当前网络通信快速发展的背景下，现代通信技术以互联网通信为主，呈现出数字化、网络化等特征，极大地缩短了地理空间距离，提高了经济发展效率。

信息通信技术（ICT）是信息技术与通信技术融合而形成的产物。信息技术与通信技术具有紧密的联系，已经逐渐融合。信息技术重在强调信息的编码和解码，以及信息在通信载体中的传输方式，它是通信技术发展的重要保障；通信技术是信息的传送技术，信息的传输需要通信技术的支持。20世纪90年代以来，信息通信技术的研发与制造快速发展，其应用也越来越广泛，已经渗透到社会生产、生活等领域，是经济社会发展的重要动力。

学界对于信息通信技术概念的界定并未达成共识，主要有狭义和广义两种界定方式。从狭义上来看，信息通信技术是一种生产要素，联合国教科文组织（UNESCO）（1997）将其定义为：在信息的处理过程中应用到的技术和管理技巧。一些学者认为，信息通信技术包括现代计算机技术和通信技术，是指以计算机技术、微电子技术和通信技术为主要特征的现代信息技术。也有学者认为，信息通信技术是以通信、计算机以及光电技术等为应用基础的高新技术。随着信息通信技术的不断发展，一些学者认识到互联网和计算机在信息通信技术中的重要作用，认为信息通信技术主要是指计算机、互联网以及云计算等技术。这些研究均是从狭义上对信息通信技术的概念进行界定，其特点是将信息通信技术视为一种生产要素，具有技术的属性。从广义上来看，信息通信技术的内涵包括信息获取、产生、传递、储存和应用等所有与信息活动相关的技术，信息通信技术产业是由信息通信技术在其他产业中渗透而衍生出来的新业态，以及信息通信技术人力资本等。显然，广义上信息通信技术概念突破了生产要素的范畴和技术的属性，已经被泛化，包含的内容也过于庞杂。

近年来，以互联网、大数据和云计算为代表的新一代信息通信技术快速发展，已经广泛融入人们的生活、企业的生产以及经济社会发展中，促进了产业的转型、升级和经济社会结构的调整，催生了数字经济的形成，对经济社会发展产生了深远影响。因此，基于数字经济背景，结合研究的需要，并参照已有研究，本书将信息通信技术界定为以互联网、计算机以及移动通信等为主要特征的技术。它是一种生产要素，具有技术属性，这也是一种狭义上的概念界定。

信息通信技术对经济社会发展具有重要作用，主要体现为三种效应。一是信息通信技术的协同效应。信息通信技术加强了企业内部各部门，以及不同企业之间的合作交流，促进了技术创新。信息通信技术通过对要素资源进行整合，减少了要素流通环节和资源浪费，提高了企业的生产、运营和资源配置效率。二是信息通信技术的渗透效应。信息通信技术不仅能够渗透到各领域中，与很多产业进行融合，而且可以作为黏合剂和加速器，打破产业之间的边界，促进各产业之间以及产业内部不同行业之间的跨界融合，有利于新业态、新模式的产生，进而推动产业结构升级。三是信息通信技术的网络效应。信息通信技术的规模越大，其对经济社会发展的促进作用越强。随着信息通信技术发展水平的不断提升，网络规模逐渐扩大，不同个体、企业之间的网络联系更加便捷、频繁，有利于促进人力资本和技术创新水平的提高，进而使得信息通信技术释放的正向效应以及创造的价值得以成倍增加。

三、数字鸿沟

数字鸿沟（Digital Divide）主要是指不同区域、个体之间信息通信技术的接入或应用水平的差异。20世纪90年代以来，国内外学者对数字鸿沟的概念作出了很多界定，有狭义和广义之分。早期数字鸿沟的概念主要是狭义的，体现在两个方面：一是电话、计算机等信息通信技术接入水平的差异；二是信息通信技术应用水平的差异。随着互联网技术的产生与快速发展，数字鸿沟更多地被认为是不同区域、个体之间互联网接入或应用水平的差异。胡鞍钢（2002）指出，数字鸿沟是以互联网为主的信息通信技术接入水平和应用水平的差异，并且这种差异的主体具有多样性，可以体现在不同国家、一国内的不同区域以及不同个体之间。张新红（2008）认为，数字鸿沟反映了不同个体在拥有和使用以互联网为代表的信息通信技术的差异。其他相关研究也对数字鸿沟概念作出了类似的界定。

随着信息通信技术的不断发展，数字鸿沟的概念也被进一步泛化，形成了广义上的概念，与之相对应，数字鸿沟的测算指标也变得更加复杂化。比如，李健、范凤霞（2014）认为数字鸿沟应该是多维度的，测算内容包括信息资源、基础设施、信息技术利用、信息行为、信息素养和信息环境六个方面。罗廷锦、茶洪旺（2018）从信息基础设施、信息利用、信息意识和信息环境四个维度，测算2011—2015年我国31个省（市、区）之间的数字鸿沟。李晓静（2019）指出，数字鸿沟的主要内容体现在三个方面：一是计算机和互联网等信息通信技术的接入鸿沟；二是信息通信技术的使用鸿沟；三是信息通信技术的知识鸿沟。与信息通信技术的概念界定相对应，本书中数字鸿沟是指不同区域中互联网、计算机和移动通信技术等接入水平和应用水平的差异，也是一种狭义上的数字鸿沟。

四、绿色经济效率

樊纲、张曙光（1990）指出，经济效率是社会生产活动中的资源利用效率，反映了社会生产所提供的效用与资源投入之间的对比关系。在社会生产领域，也可以将其理解为生产者对劳动力、资本等生产要素的有效利用程度。在早期的社会生产过程中，生产者追求经济效率的最大化，进而实现利润最大化，因此在进行经济效率的评价时，并未考虑到社会生产带来的环境污染。随着工业化和城镇化的快速发展，自然资源被过度消耗，资源约束与环境污染问题日益凸显，给人类经济社会的可持续发展带来了严重威胁。越来越多的学者认为，经济效率不仅指经济产出（GDP）的增加，还应考虑经济增长过程中付出的资源消耗和环境污染代价，否则会高估经济效率水平，对经济绩效和社会福利状况的评价造成扭曲，进而不利于经济政策的制定以及经济社会的可持续发展。

在此背景下，一些学者对经济效率的评价进行改进，提出了绿色经济效率的概念。绿色经济效率是在考虑资源消耗和环境污染代价的基础上，评价一个国家或地区经济效率的指标。近年来，很多学者对绿色经济效率的概念也作出了类似的界定，其具体内涵均包括了经济增长、资源消耗和环境污染要素。比如，胡安军等（2018）将绿色经济效率理解为：在传统经济效率的基础上考虑资源消耗和环境污染因素，它是一个综合的经济效率指标。任阳军等（2019）认为，绿色经济效率进一步将资源消耗和环境污染代价因素纳入传统的生产函数中，是对传统经济效率的补充与修正。许宁、施本植、刘明（2019）指出，绿色经济效率是考虑资源利用和环境污染后的经济效率，可以衡量社会生产中单位要素投入的综合产出（包括期望产出和非期望产出）能力。

基于以上论述，本书认为绿色经济效率是综合考虑了经济增长、资源消耗和环境污染后的经济效率，它不仅包括劳动力、资本、能源等要素投入和经济产出（GDP），而且加入了环境污染要素，因此能够更加全面、真实地衡量经济效率水平。绿色经济效率的测算一般采用基于松弛变量的模型（SBM）法，本书第三章第二节对这一方法作出了说明，并利用该方法对绿色经济效率进行测算。

第三节　数据选择与研究方法

一、数据选择

本书所使用的数据主要来源于第13—39次《中国互联网络发展状况统计报告》、2004—2018年《中国统计年鉴》《中国环境年鉴》《中国人口与就业统计年鉴》《中国能源统计年鉴》《中国劳动统计年鉴》《中国区域经济统计年鉴》以及各省区市的统计年鉴。

《中国互联网络发展状况统计报告》由中国互联网络信息中心（CNNIC）发布，每年发布两次，发布时间在年中和年底。该报告于1997年第一次发布，截至2019年，已发布了43次。《中国互联网络发展状况统计报告》中的数据客观、严谨、完整，能够较为全面地描述我国互联网的发展历程与现状。该报告中的内容既有我国各地区互联网基础设施建设、互联网普及、互联网应用发展以及网络安全等宏观数据，也有个人、企业和政府对互联网具体使用情况的微观抽样调查数据，因此是宏观与微观数据的结合。根据研究需要，本书使用的是第13—39次《中国互联网络发展状况统计报告》，其数据对应的年份是2003年至2017年。

各统计年鉴中的数据可以在国家统计局、各省区市统计局网站以及中国经济与社会发展统计数据库中查阅。

二、研究方法

本书以经济学、管理学、统计学等学科的理论观点和工具方法为基础，采用文献分析、比较分析、综合分析、效率分析、宏观经济计量分析等方法，基于数字经济背景，实证研究信息通信技术对绿色经济效率的影响。

（一）文献分析法

查询国内外文献，首先明晰数字经济、信息通信技术与绿色经济效率的概念界定，然后对数字经济、信息通信技术与绿色经济效率研究的国内外相关文献进行梳理，最后在已有研究的基础上，找出可以进一步研究与突破的内容与方向。

（二）比较分析法

在描述性分析部分，本书描述了2003—2017年我国信息通信技术与绿色经济效率水平及变化趋势，并比较了不同区域信息通信技术与绿色经济效率的差异及其变化。在实证分析部分，本书比较了信息通信技术对绿色经济效率影响的区域差异。

（三）综合分析法

本书通过建立指标体系，对各地区信息通信技术水平进行综合测算，得出2003—2017年我国各地区信息通信技术水平的综合值。

（四）效率分析法

本书通过采用非径向、非角度包括非期望产出的SBM模型，测算了2003—2017年我国各省区市的绿色经济效率水平。

（五）宏观经济计量分析法

本书主要利用宏观经济数据，通过建立面板数据模型进行实证分析，同时，考虑到信息通信技术与绿色经济效率均可能存在空间自相关，因而进一步建立了双固定效应的空间杜宾模型，关于信息通信技术对绿色经济效率的影响进行空间计量分析，并且对其空间效应进行了分解。

第四节　研究思路与研究内容

一、研究思路

本书主要基于数字经济背景，研究了信息通信技术对绿色经济效率的影响，研究思路如下：

第一，参阅已有文献，并结合经济社会发展背景，对数字经济、信息通信技术、数字鸿沟和绿色经济效率四个重要概念进行界定，为后续研究提供概念基础。

第二，梳理数字经济、信息通信技术与绿色经济效率的国内外相关文献，撰写文献综述，并做文献述评，从中总结已有研究中存在的不足，进而在此基础上，提出本研究的创新之处。

第三，整理数字经济、信息通信技术与绿色经济效率的相关理论，梳理信息通信技术对绿色经济效率的影响机制，以构建本书的理论分析框架，为实证研究提供理论基础。

第四，通过建立信息通信技术指标体系，以及非径向、非角度包括非期望产出的SBM模型，分别测算我国各省区市信息通信技术与绿色经济效率水平，并对二者的发展趋势、现状和区域差异进行比较分析。

第五，建立面板Tobit模型，基于数字经济背景，实证分析信息通信技术对绿色经济效率的影响，同时对其中的影响机制进行实证检验，并结合理论和实际现状，对实证结果作出深入分析与解释。

第六，考虑到信息通信技术与绿色经济效率可能具有空间自相关性，基于数字经济背景和空间视角，实证分析信息通信技术对绿色经济效率的空间效应，并对空间效应进行分解，以比较信息通信技术对本地和相邻地区绿色经济效率影响的差异性。

第七，根据以上的理论分析与实证研究，得出结论并据此提出政策建议，同时指出本书存在的不足以及研究展望。

二、研究内容

本书的主要研究内容包括以下几个部分：

先是导论。主要介绍本书的研究背景、研究意义，对重要概念进行界定，阐述了使用的数据与研究方法，明确了研究思路与内容，指出了研究的目标与主要创新之处。

第一章是文献综述，对国内外相关研究进行梳理。主要包括三个方面内容：一是回顾数字经济与信息通信技术的相关研究，包括数字经济与信息通信技术的指标选择及其指标体系的构建，信息通信技术对经济增长与节能减排的影响；二是回顾绿色经济效率的相关研究，主要包括绿色经济效率的测算方法，以及绿色经济效率的影响因素；三是阐述信息通信技术与绿色经济效率关系的研究。

第二章是理论基础与影响机制分析，是本书的理论分析部分。其中，理论基础包括网络效应理论、创新理论、内生增长理论和绿色增长理论，影响机制主要是围绕技术创新和产业结构升级展开分析。本章从理论上深入分析了信息通信技术对绿色经济效率的影响及区域差异的影响机制。

第三章是基于数字经济背景的信息通信技术与绿色经济效率测算，是本书的描述性分析部分。本章先是对我国信息通信技术与绿色经济效率水平进行测算，然后分析信息通信技术水平和区域数字鸿沟的变化情况；最后对我国绿色经济效率水平的变化趋势和区域差异进行描述和比较分析。

第四章是信息通信技术对绿色经济效率影响的实证分析。主要包括两部分内容：一是基于数字经济背景和全样本的视角，利用省际面板数据和面板 Tobit 模型，实证分析信息通信技术对绿色经济效率的影响；二是基于我国东部、中部和西部三个不同样本的视角，实证分析信息通信技术对我国东部、中部、西部三大区域绿色经济效率的影响，并比较区域差异，同时对各种实证结果进行分析和解释。

第五章是信息通信技术对绿色经济效率的影响机制检验。与第二章中的影响机制分析相对应，本章从技术创新和产业结构升级两个方面进行影响机制检验，建立省际面板数据模型，一是实证检验信息通信技术对技术创新，以及技术创新对绿色经济效率的影响；二是实证检验信息通信技术对产业结构升级，以及产业结构升级对绿色经济效率的影响。

第六章是信息通信技术对绿色经济效率的空间效应分析。本章先是通过计算 Moran's I 指数，对信息通信技术与绿色经济效率做空间自相关分析；然后建立双固定效应的空间杜宾模型，实证分析信息通信技术对绿色经济效率影响的空间效应，并对空间效应进行分解。

第七章是主要结论、政策建议与研究展望。首先，根据本书的研究从以下几个方面得出主要结论：一是基于数字经济背景的信息通信技术对绿色经济效率的影响；二是信息通信技术对绿色经济效率的影响机制；三是各地区信息通信技术水平、区域数字鸿沟的现状及变化趋势分析；四是各地区绿色经济效率水平的现状、变化趋势和区域比较分析；五是信息通信技术对绿色经济效率的空间效应。其次，根据上述研究结论提出政策建议。最后，指出本书尚存在的两个方面的不足以及三个可能的研究方向。

本书研究的技术路线如图 0-1。

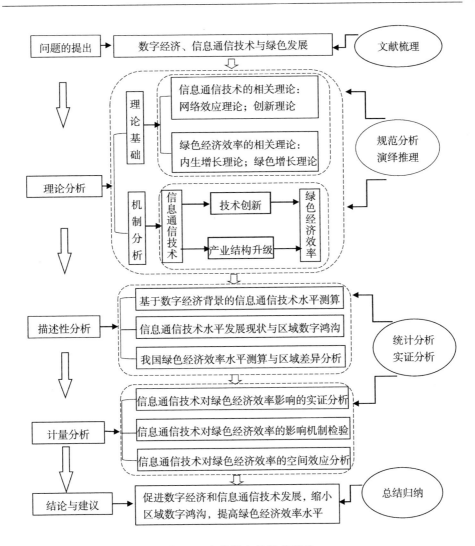

图 0-1　本书研究的技术路线

第五节　研究目标与主要创新

一、研究目标

本书主要基于数字经济背景，研究信息通信技术对绿色经济效率的影响，具体的研究目标有以下四个：

第一，本书基于数字经济背景，试图描述我国各地区信息通信技术与绿色经济效率的现状、变化趋势，以及区域差异。具体的，在对各地区信息通信技术和绿色经济效率水平进行测算的基础上，进一步阐述我国东部、中部和西部三大区域之间的数字鸿沟，以及绿色经济效率的差异，并对信息通信技术、绿色经济效率区域差异的原因进行分析。

第二，本书试图探究信息通信技术对绿色经济效率的影响及其影响机制。即通过利用面板Tobit模型，实证分析信息通信技术对绿色经济效率的影响，并分别对技术创新与产业结构升级两个影响机制进行实证检验。

第三，本书试图探究信息通信技术对绿色经济效率影响的区域差异。鉴于我国东部、中部和西部三大区域的信息通信技术人才规模、技术创新和经济发展水平等存在差异，信息通信技术在各区域释放的正向效应可能不同，因此，实证分析并比较信息通信技术对东部、中部、西部三大区域绿色经济效率影响的差异。

第四，本书试图研究信息通信技术对绿色经济效率的空间效应，并且对空间效应进行分解，进一步明晰信息通信技术对本地和相邻地区绿色经济效率的影响，比较该影响的差异性。

二、主要创新

本书创新之处主要有以下几点：

第一，在已有关于绿色经济效率影响因素的实证研究中，影响因素主要包括产业结构、技术创新、环境规制、人力资本、城镇化和外商直接投资等，同时，信息通信技术的相关实证研究主要集中于信息通信技术对经济增长和节能减排的影响，然而绿色经济效率综合考虑了经济增长与节能减排因素。目前，信息通信技术对绿色经济效率影响的实证研究较为匮乏，本书对二者之间的关系进行深入研究，在数字经济背景下，进一步丰富了绿色经济效率影响因素的实证研究，拓展了信息通信技术的社会经济效应实证研究。在研究的内容上，本书进一步将区域差异分析作为研究重点之一，不仅分析了区域数字鸿沟、绿色经济效率的区域差异及其变化趋势，而且在此基础上，实证研究信息通信技术对我国不同区域绿色经济效率影响的差异性，并对这种差异性产生的原因进行了理论解释与剖析。

第二，已有研究并未对信息通信技术影响绿色经济效率的空间效应进行分解，仅是笼统地得出信息通信技术对绿色经济效率的总体影响，缺乏进一步分析信息通信技术对本地和相邻地区绿色经济效率影响的差异性。本书分别采用普通面板模型和空间面板模型进行实证分析，并且在空间计量分析中，对信息通信技术影响绿色经济效率的空间效应进行分解，得出直接效应、间接效应和总效应，以试图观察、比较信息通信技术对本地和相邻地区绿色经济效率影响的差异性，同时给予相应解释。

第三，本书构建了信息通信技术对绿色经济效率影响的理论分析框架，并进一步对信息通信技术影响绿色经济效率的机制进行实证检验，以理论分析和实证检验相结合的方式，证实了影响机制的可行性和有效性，以对已有相关研究中的机制进行拓展和完善。

第四，已有研究可能存在内生性问题，但并未进行内生性处理，因此会存在估计偏差。本书尝试进一步识别信息通信技术与绿色经济效率之间的因果关系，采用工具变量法进行内生性处理，尽量降低估计偏差，以对已有研究进行完善。

第一章　文献综述

国内外学者对信息通信技术与绿色经济效率分别进行了广泛的研究，为本书研究提供了很好的基础。本章对相关研究进行综述，主要包括三部分内容：一是数字经济与信息通信技术相关研究，主要有数字经济与信息通信技术的测算，以及信息通信技术对经济增长和节能减排的影响研究；二是绿色经济效率的相关研究，包含了绿色经济效率的测算及其影响因素的实证研究；三是信息通信技术与绿色经济效率关系的研究。

第一节　数字经济与信息通信技术相关研究

一、数字经济的测算

在数字经济测算方面，随着国家、一些研究机构和学者对数字经济关注度的提升，2017年以来，国内诸多研究机构和学者对数字经济的测算展开了广泛的讨论，构成了多样化的数字经济测算方法和指标体系。一些研究机构通过调研或使用大数据方法，搜集大量的数据，对数字经济发展水平构建了多套指标体系。比如，2017年上海社会科学院从数字设施、数字产业、数字创新、数字治理维度构建数字经济指标体系。腾讯研究院构建多维度指标体系，较为完整地测算了中国不同地区的"互联网+"指数。此外，财新智库也从数字经济产业、数字经济融合、数字经济溢出以及数字经济基础设施维度，构建了数字经济指标体系。这些数字经济指标体系的构建不仅能够为后来学者关于数字经济测算提供方向指引，而且可以为数字经济的相关实证研究提供一定有利的基础条件。

除了上述几家研究机构对数字经济水平进行广泛测算之外，诸多学者也通过构建多维度的指标体系对数字经济发展水平进行了测算，但数字经济指标体系构建的具体内容存在差异，未形成统一的结论。在这些相关研究中，有些学者仅是选择多种维度构建数字经济指标体系，进而测算数字经济水平；也有部分学者将数字经济作为实证研究的变量之一，实证研究数字经济对其他变量的具体影响，当然在进行实证研究之前，学者也对数字经济水平进行了测算。田俊峰等（2019）以中国东北地区为研究对象，同时基于数字经济基础、数字经济产业、数字经济双创和数字经济智慧民生维度构建数字经济指标体系，测算了中国东北地区数字经济水平。杨文溥（2021）具体选择中国互联网发展状况统计、软件产业软件业务收入、软件产业企业个数、企业电子商务统计、电子信息产业企业个数和PC浏览量等指标，测算中国的数字经济水平。杨慧梅、江璐（2021）主要围绕数字产业化和产业数字化两个重要维度，选择多个相关的细分指标，构建了数字经济的指标体系。

二、信息通信技术的测算

20世纪60年代以来，国内外机构和学者对信息通信技术的测算展开了深入的研究，构建了多种信息通信技术的测算指标。从已有研究来看，信息通信技术的测算指标并不统一，主要分为两类方法。一是利用单一指标的代理变量表示信息通信技术。比如，有研究使用宽带或互联网渗透率、移动或固定电话拥有率、计算机普及率、邮电业务量和电信业务量等单一指标。单一指标计算较为简单，具体指标的选择具有随意性，且已有研究并未达成共识。然而由于信息通信技术包含的内容较多，某一个指标不能够准确地衡量信息通信技术水平，进而利用单一指标进行测算时，结果可能与真实值之间存在较大的偏差。因此，国内外一些机构和学者采用另一类方法，即通过构建多维度的指标体系对信息通信技术予以较为准确的测算。

（一）国外相关研究

美国学者马克卢普（Fritz Machlup）最早开始进行信息经济的研究，他于1962年在《美国的知识生产与分配》一书中，首次提出了知识产业的概念和分类方式，并建立了知识产业的测算体系。马克卢普认为知识产业是生产知识、信息产品或信息服务的组织机构，包括研究与开发、各种层次的教育、通信和媒体、信息设备、信息服务五个层次。与国民经济计算方法相同，马克卢普利用最终产品法对1958年美国的知识产业的发展水平进行测算并展开相关研究，发现知识产业对美国经济增长具有重要的作用，且知识产业的发展速度明显快于农业和工业。

在马克卢普研究的基础上，波拉特（Marc U. Porat）于1977年在《信息经济：定义和测量》中先是将信息部门从国民经济中识别与分离出来，再进一步将其分为一级信息部门和二级信息部门。波拉特第一次系统地构建了信息产业的指标体系，主要包括信息产业产值占比、信息部门的劳动者人数占比、信息部门的劳动者收入占比三个方面内容。

有学者和机构进一步从多个方面建立了信息通信技术指数。1965年，日本学者小松崎清介构建了信息化指数模型（RITE），包括信息量、信息装备率、通信主体水平以及信息系数4个一级指标，以及人均年使用函件数、人均年通话次数、每百人每天报纸发行数、每万人书店数、人口密度、每百人电话拥有量、每百人电视机拥有量、每万人计算机拥有量、第三产业人数占比、每百人在校大学生数、个人消费支出中除衣食住行之外的支出占比11个二级指标，该指标体系较全面地衡量了信息通信技术水平，因此被许多研究者借鉴和采用。

2003年，联合国教科文组织（UNESCO）构建数字鸿沟指数，主要用于反映社会中的弱势群体对计算机与互联网应用情况与整个社会平均水平的差距，这一指数包括计算机普及率、互联网普及率和在家上网比率三个具体指标。

在国外研究中，被广泛使用的信息通信技术测算指标来自国际电信联盟（ITU）。20世纪90年代以来，国际电信联盟构建并发布了多套信息通信技术指标体系，用以测算并比较不同国家和地区的信息通信技术水平，并观察信息通信技术的发展及变化趋势。1995年，国际电信联盟构建了信息通信技术指数，并将其在西方七国集团（美国、英国、法国、德国、加拿大、意大利和日本）"信息社会"部长会议上提出，该指数主要用于测算并比较西方七国集团的信息通信技术水平，内容包括电话线、蜂窝式电话、综合业务数字网（ISDN）、有线电视、计算机和光纤6个一级指标，以及每百人拥有电话线数、数字交换的电话线数、每百人蜂窝式电话用户数、蜂窝式电话在七国中的分布、每千人ISDN用户数、ISDN用户数在七国中的分布等12个二级指标。2003年，国际电信联盟对原始的信息通信指标体系进行优化和更新，构建了数字接入指数（DAI），这一指数主要由基础设施、支付能力、知识、质量和使用5个一级指标以及8个二级指标构成。

随着互联网技术的快速发展，其在经济社会发展中的重要作用日益凸显，信息通信技术的一些指标需要进一步更新，应更多地考虑到体现宽带网络基础设施建设和互联网应用情况的相关指标。因此，2005年国际电信联盟又发布了数字机遇指数（DOI），旨在反映国家和地区信息通信技术的接入水平和应用水平，并进行区域比较，这一指数包括了机遇、基础设施、使用3个一级指标，以及移动电话网覆盖率、互联网接入费在人均收入中占比、移动电话费在人均收入中占比、家庭固定电话拥有率、家庭计算机拥有率、家庭互联网接入比率等11个二级指标。2007年国际电信联盟构建并发布了新的信息化发展指数（IDI_{ITU}），主要包括ICT接入、ICT应用和ICT技能3个一级指标，以及每百人固定电话线长、每百人移动电话用户数、每一用户国际互联网带宽、家庭计算机拥有率、家庭接入互联网比率、每百人互联网用户数、每百人固定互联网用户数和每百人移动互联网用户数等11个二级指标。1995—2007年，国际电信联盟信息通信技术指标体系的具体明细见表1-1。

表1-1 1995—2007年国际电信联盟信息通信技术指标体系

总指标	一级指标	二级指标
信息通信技术指数（1995）	电话线	每百人拥有电话线数、数字交换的电话线数
	蜂窝式电话	每百人蜂窝式电话用户数、蜂窝式电话在七国中的分布

总指标	一级指标	二级指标
信息通信技术指数（1995）	ISDN	每千人 ISDN 用户数、ISDN 用户数在七国中的分布
	有线电视	有线电视用户数、有线电视住户占比
	计算机	每百人中电脑拥有量、每 10 万人中互联网主机拥有量
	光纤	光缆长度年增长数
数字接入指数（DAI）（2003）	基础设施	固定电话拥有率、移动电话拥有率
	支付能力	互联网接入费用在人均收入中占比
	知识	成人识字率，综合的初级、中级和高级学校入学水平
	质量	人均国际互联网带宽
	使用	每百人宽带用户数、每百人互联网用户数
数字机遇指数（DOI）（2005）	机遇	移动电话网覆盖率、互联网接入费在人均收入中占比、移动电话费在人均收入中占比
	基础设施	家庭固定电话拥有率、家庭计算机拥有率、家庭互联网接入比率、移动电话拥有率、移动互联网普及率

续 表

总指标	一级指标	二级指标
数字机遇指数(DOI)(2005)	使用	互联网普及率、固定宽带用户在互联网用户总数中占比、移动宽带用户在互联网用户总数中占比
信息通信技术发展指数 (IDI$_{ITU}$)(2007)	ICT接入	每百人固定电话线长、每百人移动电话用户数、每一用户国际互联网带宽、家庭计算机拥有率、家庭接入互联网比率
	ICT应用	每百人互联网用户数、每百人固定互联网用户数、每百人移动互联网用户数
	ICT技能	成人识字率、初中毛入学率、高中毛入学率

资料来源：World Telecommunication Development Report（1995）；Measuring Digital Opportunity（2005）；World Telecommunication Development Report（2003）；World Information Society Report（2007）。

(二)国内相关研究

国内机构和学者对信息通信技术的测算也展开了广泛的研究，在相关研究方面，2006年和2011年国家统计局共构建了两套信息化指标体系，分别用于《国民经济和社会发展信息化"十一五"规划》和《国民经济和社会发展信息化"十二五"规划》。一般地，将2006年和2011年信息化指标体系分别称为信息化发展指数（I）、信息化发展指数（Ⅱ）。

1.信息化发展指数(I)

为了做好《国民经济和社会发展信息化"十一五"规划》，2006年国家统计局发布了信息化发展指数（I），主要用于综合评价我国及各地区在"十一五"期间的信息化发展水平，并进行区域比较及其变化趋势分析。信息化发展指数（I）包括基础设施、使用、知识、环境与效果、信息消费5

个一级指标，以及电视机拥有率、固定电话拥有率、移动电话拥有率、计算机拥有率、每百人互联网用户数、教育指数、信息产业增加值占GDP比重、信息产业研发经费占GDP比重、人均GDP和信息消费系数10个二级指标。

2.信息化发展指数（Ⅱ）

随着信息通信技术的不断发展，根据《国民经济和社会发展信息化"十二五"规划》的需要，考虑到信息化指标的选择应与时俱进，并便于国内各地区之间以及与其他国家信息化水平进行比较，2011年国家统计局遵循科学性、完整性与可比性等原则，在信息化发展指数（Ⅰ）的基础上对一些指标进行了优化、改进。比如在"十一五"期间，我国的固定电话拥有率和信息消费系数两个指标发生了异常的变化，若继续使用该指标，则不能够准确、有效地反映信息化水平，因此，国家统计局对这两个指标进行调整，进而建立了信息化发展指数（Ⅱ）。这一指数包括基础设施、产业技术、应用消费、知识支撑和应用效果5个一级指标，以及电话拥有率、电视机拥有率、计算机拥有率、人均电信业产值、每百万人发明专利申请量、互联网普及率、人均信息消费、信息产业从业人数占比、教育指数、信息产业增加值占GDP比重、信息产业研发经费占GDP比重11个二级指标。信息化发展指数（Ⅱ）主要用于"十二五"期间我国及各地区信息化水平的测算，并且在不同地区之间和国际上进行比较。

除了国家统计局构建的两套信息化发展指数之外，国内很多学者根据研究的需要也建立了信息化指标体系，不同学者构建的指标体系存在一定差异。本节整理了近年来部分学者构建的信息化指标体系，具体见表1-2和表1-3。其中，表1-2是较为简单的信息化指标体系，仅由一级指标构成，主要包括信息化基础设施，以及信息通信技术应用等内容。而一些研究把与信息通信技术相关及其衍生而成的指标均考虑进来，形成了如表1-3中相对复杂的信息化指标体系。此时的信息化指标体系由一级指标和二级指标共同构成，除了包括信息化基础设施的相关指标外，还加入了居民的教育水平、信息消费情况和信息产业的发展等内容。虽然不同学者对指标选择的组合与分类形式存在差异，但是绝大多数指标体系中均涉及互联网、移动通信和电信业务量指标，这也是衡量信息通信技术水平的一些重点指标。

表1-2 部分学者建立的信息化指标体系1：基于单一维度的总结

作者（时间）	指 标
李裕瑞等（2014）	邮电业务量、固定电话普及率、移动电话普及率、互联网普及率
甘筱青（2014）	邮电业务量、邮路总长度、移动电话交换机容量、互联网上网人数
周振、孔祥智（2015）	邮电业务量、互联网普及率和信息就业率
程慧平、周迪（2015）	邮电业务量、互联网上网人数、移动电话用户数、长途光缆线路长度、信息服务业固定资产投资
岳良文、李孟刚、武春友（2017）	邮电业务量、电脑普及率、电话普及率、互联网普及率、电子信息产业比重、科技资本投入
张家平、程名望、潘烜（2018）	人均邮电业务量和电信业务量
孙早、刘李华（2018）	计算机、软件和通信设备等信息资本
王龙杰、曾国军、毕斗斗（2019）	移动电话交换机容量和邮电业务额

资料来源：作者根据已有的研究进行总结、归纳所得。

表1-3 部分学者建立的信息化指标体系2：基于多维度的总结

作者（时间）	一级指标	二级指标
徐春燕、程斌、黎苑楚（2014）	信息化基础环境指数、社会信息化指数、信息化人才指数、产业信息化指数、信息化发展效率指数	互联网普及率、互联网宽带平均速度、有线电视数字化程度、人均电信产值、人均信息消费、域名数占比、信息产业研发经费占比、人均地区生产总值、电子出版物数量占比、信息产业增加占比等指标

作者(时间)	一级指标	二级指标
李赫龙、王富喜(2015)	信息基础设施指数、信息技术使用指数、信息知识教育指数和信息效果指数	人均局用交换机总容量、每百平方千米长途光缆长度、固定电话拥有率、移动电话拥有率、互联网普及率、计算机拥有率、信息产业从业人员占比、人均专利授权数、人均国内生产总值、人均邮电业务总量等指标
茶洪旺、左鹏飞(2017)	信息化基础设施、信息化应用水平、信息产业以及信息化发展环境	长途光缆长度、移动电话普及率、计算机普及率、互联网普及率、域名持有量和R&D经费占比等指标
张雪玲、吴明(2018)	信息网络基础设施、信息网络接入、信息通信技术的应用及产业	光缆线路密度、移动电话交换机容量、局用交换机容量、互联网普及率、互联网域名数、电信业务量在第三产业中占比和电子信息产业主营业务收入在制造业中占比等指标
刘晓阳、黄晓东、丁志伟(2019)	信息化发展环境、信息资源利用、信息技术创新、信息网络应用	移动电话用户数、互联网用户数、专利授权数、网购指数、百度指数和人均地区生产总值等指标

资料来源：作者根据已有的研究进行总结、归纳所得。

　　通过对国内外数字经济与信息通信技术测算的相关研究进行梳理后发现，学者对指标选择并未达成共识。同时，在信息通信技术测算方面，国内一些研究使用的是信息化的概念，信息化是信息通信技术在经济社会发展中应用的结果，也可以将其理解为广义上的信息通信技术，一些研究将所有与信息通信技术相关，以及信息通信技术衍生的指标均纳入信息化指标体系中，这可能会导致指标的选择重复化，也过于泛化，并且不能凸显指标体系中的重点内容。本书认为，在构建信息通信技术指标体系时，应根据具体的概念界定，并结合研究需要等原则选择相应的指标。本书将信息通信技术视为一种生产要素，是具有技术属性的要素投入，在已有研究的基础上，基于数字经济背景，构建信息通信技术指标体系。

三、信息通信技术的实证研究

经济增长与节能减排是绿色经济效率的两个重要组成部分。绿色经济效率追求的是在经济保持增长的同时，最大限度减少资源的消耗和污染排放。在相关研究方面，已有文献分别实证研究了信息通信技术对经济增长和节能减排的影响。

（一）信息通信技术与经济增长

诸多学者研究了信息通信技术对经济增长的影响，虽然使用的信息通信技术指标并不相同，但结论都表明信息通信技术的应用以及发展水平的提升促进了经济增长，并且一些研究通过进一步实证分析，发现信息通信技术对经济增长的促进作用具有明显的区域差异。

在国外研究方面，学者以不同的国家为研究对象，探究了信息通信技术对经济增长的影响。Oliner & Sichel（2003）以美国为研究对象，以计算机硬件、软件以及网络设施表示信息通信技术水平，研究认为，信息通信技术投资对美国的劳动生产率和经济增长均具有正向影响。Bohlin（2007）以芬兰为研究对象，将私人和非住宅固定资产中的计算机软件所占份额作为信息通信技术指标，分两个阶段对芬兰经济增长的贡献率进行测算。研究发现1980—1990年，信息通信技术对芬兰经济增长的平均贡献率为5.53%，而1990—2004年，信息通信技术的平均贡献率上升至10.06%。有学者进一步使用跨国面板数据进行实证研究。Vu（2011）选择1996—2005年世界上102个国家为样本，以电脑、手机普及率和互联网渗透率的综合值作为信息通信技术的代理变量，研究发现，信息通信技术通过推动技术的扩散，进而促进经济增长。Niebel（2018）利用1995—2010年59个发展中国家、新兴国家和发达国家的跨国面板数据，研究认为，信息通信技术对经济增长具有显著的促进作用。Saidi et al.（2018）选择1990—2012年13个中东和北非国家为研究对象，利用动态面板模型，研究显示，信息通信技术正向影响经济增长，同时经济增长也有利于信息通信技术水平的提高，二者之间存在双向的正向关系，互相促进。

在国内研究方面，学者主要利用省份、工业行业等数据进行实证分析。比如，刘湖、张家平（2015）使用2008—2013年中国省际面板数据，从信息通信技术供给与需求两个维度衡量信息通信技术的发展水平，研究发现，信息通信技术对中国经济增长具有显著的促进作用。蒋仁爱、贾维晗（2019）利用2002—2013年中国35个工业行业数据，将信息通信技术行业的R&D存量作为信息通信技术的测算指标，研究认为，信息通信技术的外溢显著促进了中国劳动生产率的增长。有学者进一步研究了信息通信技术对经济增长影响的区域差异。刘飞（2015）通过联立方程分析了我国信息通信技术和城市经济增长的关系，发现信息通信技术对城市经济增长具有显著的促进作用，并且这种促进作用具有区域差异。王尧（2017）利用2000—2015年中国省际面板数据，实证分析信息通信技术对区域经济绩效的影响，研究认为，信息通信技术促进了区域经济绩效的提升，同时对不同区域经济绩效的影响具有显著的差异性。孟倩（2017）采用1995—2012年中国省际面板数据，测算了信息通信技术对经济增长的贡献度，发现信息通信技术对经济增长的贡献度是正向的，并且具有区域差异，在信息化发展水平越高的地区，信息通信技术对经济增长的贡献度越大。

一些学者对信息通信技术影响经济增长的原因进行探究。周勤、张红历、王成璋（2012）基于新古典经济学理论框架，通过构建模型分析认为信息通信技术具有技术进步的属性，并且可以产生网络效应，进而促进了社会的劳动分工与经济增长。龙飞（2016）利用2000—2011年中国省际面板数据，研究发现，信息通信技术对经济增长具有正向影响，主要原因是信息通信技术促进了技术进步。在其他相关研究方面，有学者实证研究了信息基础设施对经济增长的影响，韩宝国、朱平芳（2014）利用2000—2011年中国省际面板数据，以宽带渗透率表示信息基础设施水平，研究认为，信息基础设施对中国经济增长具有显著的促进作用。具体的，宽带渗透率每增长10%，人均GDP年增长率增加0.19个百分点，并且由于区域信息化发展水平的差异，信息基础设施对东部和中部地区经济增长具有显著的促进作用，而对西部地区经济增长的促进作用不显著。郑世林、周黎安、何维达（2014）使用电话普及率衡量电信基础设施情况，发现电信基础设施对经济增长具有正向影响。王炜、张豪（2018）利用2002—2016年中国252个地级市面板数据，研究也发现，信息基础设施对经济增长具有显著的促进作用。

（二）信息通信技术与节能减排

已有文献从企业和区域层面探究了信息通信技术对能源利用效率、能源消耗强度以及产能利用率的影响，研究普遍认为，信息通信技术有利于提高能源利用效率，降低能源消耗，提高产能利用率，进而有助于节能减排。信息通信技术改变了居民生活方式和企业的生产方式，推进了经济活动的"虚拟化"和"去物质化"，降低了能源消耗和环境污染水平，促进了经济社会可持续发展（刘妍、何桂立，2009；Pradhan et al.，2019）。

在企业层面，一些国外学者研究认为，信息通信技术具有技术属性，信息通信技术的应用及水平的提升，推动了企业的技术进步，提高了企业生产运营中劳动力、资本和能源等要素资源的利用效率，降低了对能源的消耗水平，因而有利于节能减排（Moyer & Hughes，2012；Hilty & Aebischer，2015），这也是信息通信技术促进节能减排的主要原因。在具体相关研究中，May et al.（2017）认为，信息通信技术使得企业生产过程实现自动化，并通过对企业各部门的运营进行高效协调，提升企业能源使用效率，减少能源的消耗。Khuntia et al.（2018）以印度300家制造业企业作为样本，研究发现，企业增加信息通信技术投资可以降低其能源消耗。在国内研究方面，王永进、匡霞、邵文波（2017）使用中国120个地级市12400家企业调查数据，研究表明，企业信息化投资的增加提高了产能利用率。有学者进一步分析了信息通信技术对能源消耗强度的具体影响。张三峰、魏下海（2019）利用1998—2000年和2012年中国制造业企业调查数据，以企业对信息通信技术使用情况作为信息通信技术的测算指标，发现信息通信技术对企业能源消耗强度具有显著的负向影响。具体的，企业信息通信技术的使用程度每上升1%，能源消耗强度下降0.23个百分点。

在区域层面，国外研究中，Sue & Eckaus（2004）利用1958—1996年美

国35个部门的KLEM数据库，研究发现，信息通信技术能够显著降低能源消耗强度，并且在不同的时间阶段，信息通信技术对能源消耗强度的影响程度具有一定差异。Laitner & Ehrhardt（2008）通过对美国历史数据的分析，发现信息通信技术投资的增加，提高了美国各部门的劳动生产率以及能源利用效率。Ishida（2015）利用日本1980—2010年数据，实证研究认为，信息通信技术水平的提升，降低了日本的能源消耗强度，具体的，信息通信技术投资每增加1%，能源消耗强度降低0.155个百分点。在国内研究方面，罗伟其、刘永清（2000）与修文群、吴泉源（2001）研究认为，信息化有助于改造传统产业，减少对要素资源的消耗，进而降低区域环境污染水平。樊茂清等（2012）利用1981—2005年中国33个部门的投入产出表、劳动投入、资本投入序列等数据，实证研究了信息通信技术投资对中国33个部门能源消耗强度的影响，发现ICT资本投资的增加，有利于降低大部分部门的能源消耗强度。刘洪涛、杨洋（2018）以2000—2012年中国30个省份的数据为样本，研究表明，信息化水平的提高可以降低区域碳排放量，并且信息化水平每提高1%，区域二氧化碳的排放量降低1.27个百分点。

第二节　绿色经济效率的相关研究

一、绿色经济效率的测算

从绿色经济效率的研究进展来看，普遍使用的绿色经济效率测算模型主要有两种：一是包含非期望产出的SBM模型[①]，二是包含非期望产出的超效率SBM模型，两种模型均能够较为准确地测算绿色经济效率水平。

（一）包含非期望产出的SBM模型

经济效率的测算方法主要包括参数法和非参数法两大类（Mahaderan，Kalirjan，1999），参数法和非参数法分别以随机前沿分析（SFA）、数据包

---

① SBM（Slack-Based Measure）模型是一种基于松弛变量的效率评价模型，与传统的DEA效率评价模型（如CCR模型、BCC模型）不同，SBM模型进一步考虑到投入和产出变量的松弛性问题，因而利用该模型进行效率评价会更加准确。

络分析（DEA）为代表，两种方法的差异体现为：参数法需要对模型的具体形式进行设定，模型设定偏误直接影响了效率的测算，而非参数法（如DEA）无需设定模型形式，避免因模型设定偏误而带来效率测算的误差，因此该方法被诸多学者使用。

早期的经济效率测算中没有包括非期望产出，一些学者认为社会生产活动不仅会产生期望产出，即"好"产出，如GDP，同时可能会带来非期望产出，即"坏"产出，比如环境污染，因而经济效率的测算不仅需要考虑到期望产出，也应将非期望产出纳入模型，这样经济效率的测算才会更全面、准确。Chung & Fare（1997）首次在DEA中构建了同时考虑期望产出和非期望产出的方向性距离函数（DDF），以对以往没有包括非期望产出的效率测算进行补充。然而由于该模型没有考虑到投入和产出的松弛性，利用其进行效率测算会存在偏误。因此，Tone（2001）将松弛变量加入函数中，构建了非径向、非角度的SBM（Slack-Based Measure）模型，并于2003年在此基础上把非期望产出纳入模型中，构建了非径向、非角度，包含非期望产出的SBM模型（下文中统一简称SBM模型）。该模型一方面考虑投入和产出的松弛性，另一方面加入了非期望产出，因而可以对经济效率进行较为准确的测算。

在实证研究方面，近年来，国内外诸多研究利用这一模型测算绿色经济效率或环境效率（王兵、吴延瑞、颜鹏飞，2010；Zhang & Choi，2013）。比如在国家层面，Zhou et al.（2007）利用SBM模型，测算了1995—1997年26个OECD国家的绿色经济效率。研究发现，从总体上看，1995—1997年，26个OECD国家的绿色经济效率呈上升趋势。在省级层面，Liu & Qian（2013）以1985—2010年中国28个省区市为研究对象，利用SBM模型，测算并比较了各地区的绿色经济效率。Song et al.（2013）采用SBM模型，不仅测算了1998—2009年中国各地区的绿色经济效率，还对其影响因素进行实证分析。蔡宁、丛雅静、吴婧文（2014）和车树林、顾江、郭新茹（2017）利用SBM模型，测算中国各地区绿色经济效率，并进行区域比较。在城市层面，李艳军、华民（2014）采用SBM模型，测算了2011年中国275个地级及以上城市的绿色经济效率，同时对其影响因素进行分析。岳书敬、邹玉琳、胡姚雨（2015）应用SBM模型对2006—2011年我国各地级市绿色经济效率进行测算，并探究了产业集聚对绿色经济效率的影响。张泽义、罗雪华（2019）利用SBM模型，对2005—2015年中国260个城市的绿色经济效率进行测算，并探究城市规模对绿色经济效率的影响。Zhang & Tian（2019）在碳排放控制背景下，利用SBM模型，测算了2002—2011年中国256个地级及以上城市的绿色经济效率，同时对其影响因素进行实证分析。

近年来，国外学者也利用该模型进行效率测算。比如Ke（2017）利用SBM模型，测算了1989—2013年APEC国家的能源效率，并进行比较分析。Lucio et al.（2018）也利用该模型对意大利翁布里亚牛场的环境效率进行测算。

（二）包含非期望产出的超效率SBM模型

考虑到对效率值为1的决策单元（DMU）进一步予以比较，Tone（2002）在SBM模型的基础上提出了超效率SBM模型，将效率值为1的决策单元进行排序。后来诸多研究结合Tone的研究，于2002年和2003年分别提出了超效率SBM模型和包含非期望产出的SBM模型，并建立了包含非期望产出的超效率SBM模型。

相关实证研究中，在省级层面，Li et al.（2013）以1991—2001年中国各省区市为研究对象，利用包含非期望产出的超效率SBM模型，对各地区的绿色经济效率进行测算与比较。钱争鸣、刘晓晨（2014）也采用这一模型，测算1986—2010年中国各省区市的绿色经济效率，并分析其变化情况。曹鹏、白永平（2018）应用包含非期望产出的超效率SBM模型，对2005—2015年中国各省区市的绿色经济效率进行测算，并对其影响因素进行分析。在城市层面，Zhou et al.（2017）建立包含非期望产出的超效率SBM模型，测算了2005—2014年广东省21个城市的绿色经济效率。郝国彩等（2018）以2003—2013年长江经济带108个城市为样本，采用包含非期望产出的超效率SBM模型对其绿色经济效率进行测算，并实证研究了长江经济带城市绿色经济效率的空间溢出效应。Yu et al.（2019）同样利用此模型，对中国2003—2013年191个地级及以上城市的绿色经济效率进行测算，并分析了绿色经济效率的空间溢出效应。此外，在跨国面板数据的研究中，Gökgöz &

Erkul（2018）利用超效率SBM模型，测算了2011—2015年欧盟各国的能源利用效率，并且将其在各国之间进行比较。

二、绿色经济效率的影响因素研究

绿色经济效率的测算只是第一步，诸多研究者在此基础上，对绿色经济效率的影响因素进行了实证分析。从已有研究来看，绿色经济效率的影响因素主要来自经济因素层面、生产要素层面和政府管制层面，并且在每一层面中包括了一些具体的细分影响因素。

（一）经济因素层面

1.产业发展与绿色经济效率

产业是绿色经济效率的载体和重要影响因素，已有相关文献集中于研究产业集聚以及产业结构对绿色经济效率的影响。在产业集聚对绿色经济效率影响的研究方面，学者分别研究了文化产业集聚、高新技术产业集聚、服务业集聚、物流业集聚和旅游业集聚等对绿色经济效率的影响，不同类型的产业集聚对绿色经济效率的影响存在较大差异。刘耀彬、袁华锡、王喆（2017）使用2000—2013年中国省际面板数据，运用系统广义矩（Sys-GMM）方法，研究发现文化产业集聚与绿色经济效率呈现U形的非线性关系，并且在目前阶段，中国文化产业集聚水平相对较低，对绿色经济效率的影响处于U形左端，即一定程度上抑制了绿色经济效率的提高。胡安军等（2018）以2005—2015年中国30个地区的省际面板数据为样本，探究高新技术产业集聚对绿色经济效率的影响，认为高新技术产业集聚对绿色经济效率具有显著的促进作用，并且这种促进作用先下降后上升。陈阳、唐晓华（2018）利用2004—2015年中国285个城市的面板数据，研究发现，服务业集聚对绿色生产效率的影响呈现倒U型特征。王志祥等（2018）以2001—2015年中国30个省份的数据为样本，研究表明，物流业集聚不仅对本地绿色经济效率产生促进作用，而且具有正向的空间溢出效应，即本地物流业集聚也有利于提升相邻地区的绿色经济效率。周杰文、蒋正云、李凤（2019）采用1998—2016年中国省际面板数据，利用系统广义矩法，发现旅游业产业集聚对绿色经济效率的影响呈现先抑制后促进的U形特征。

在产业结构对绿色经济效率的影响方面，多数学者一致认为产业结构的高级化与合理化均有利于经济增长与节能减排，因而促进了绿色经济效率。Jin（2013）和 Peng（2015）认为，中国正面临较大的绿色经济转型压力，产业结构的优化升级对于提高资源利用效率和改善环境质量均具有积极作用。赵领娣等（2016）利用 SBM 模型测算了 1997—2013 年我国各省份绿色经济效率，并实证分析产业结构对其影响，发现产业结构高级化与合理化均提高了区域绿色经济效率。有学者对绿色经济效率的测算方法加以改进。曹鹏、白永平（2018）认为在效率的测算方面，虽然传统 SBM 模型考虑了无效 DMU 松弛变量部分，但也存在一些有效 DMU，从而影响区分和排序。因此，有学者建立超效率 SBM 模型，对我国各省的绿色经济效率进行测算，并对绿色经济效率的影响因素进行实证分析，结果显示，产业结构升级显著促进了绿色经济效率的提升。此外，有学者认为产业结构对绿色经济效率的影响研究需要考虑空间因素。张治栋、秦淑悦（2018）以长江经济带 108 个地级及以上城市为样本，通过建立空间面板模型发现，产业结构具有空间溢出效应，产业结构高级化与合理化对本地绿色经济效率具有显著的促进作用，而对相邻城市绿色经济效率存在抑制作用。

2.外商直接投资与绿色经济效率

基于已有相关研究，学者普遍认为外商直接投资对绿色经济效率具有正向影响。在相关研究方面，王兵等（2010）发现，外商直接投资对中国环境全要素生产率具有促进作用。柴志贤（2013）实证研究了外商直接投资对中国工业环境全要素生产率的影响，认为外商直接投资对中国工业环境全要素生产率产生正向影响。郭炳南、唐利（2020）以长江经济带为样本，利用动态面板模型，研究指出，外商直接投资的增加有利于提升长江经济带绿色经济效率。

3.城镇化与绿色经济效率

在城镇化对绿色经济效率的影响方面，已有研究所得结论并不一致。王亚平、程钰、任建兰（2017）以我国 2000—2014 年 30 个省份为样本，研究认为，城镇化对我国绿色经济效率的影响呈现先抑制后促进的 U 形特征，并且在不同的区域城镇化对绿色经济效率的影响又存在明显差异。范建双、任逸蓉、虞晓芬（2017）研究发现，人口城镇化对绿色经济效率具有显著的促进作用。郑垂勇、朱晔华、程飞（2018）利用长江经济带 2006—2015 年省际面板数据，研究显示，城镇化对绿色全要素生产率具有负向影响，同时从区域差异分析来看，城镇化对长江经济带上游地区绿色全要素生产率的负向影响最大，中游次之，下游最小。

此外，有研究发现，经济集聚对绿色经济效率也具有显著影响。林伯强、谭睿鹏（2019）研究指出，经济集聚对中国绿色经济效率的影响呈倒 U 形。也就是说，经济集聚具有一个最佳的水平，当经济集聚低于这一水平时，随着经济集聚水平的不断提升，产生集聚经济，绿色经济效率逐渐增加，即经济集聚对绿色经济效率产生促进作用；而当经济集聚超过这一最佳水平时，会带来集聚不经济，此时，经济集聚对绿色经济效率具有抑制作用。

（二）生产要素层面

1.技术创新与绿色经济效率

技术创新是绿色经济效率的重要推动力，技术创新有利于经济增长与节能减排，因此可以促进绿色经济效率，已有文献也证实了这一结论。袁润松等（2016）以中国 2000—2014 年 30 个省份为样本，研究发现，技术创新对绿色经济效率具有显著的正向影响。吴新中、邓明亮（2018）利用长江经济带 108 个城市的数据，研究表明，技术创新对绿色全要素生产率具有显著促进作用，它是区域绿色全要素生产率不断提升的重要驱动力。刘云强等（2018）对 2005—2015 年长江经济带绿色经济效率进行测算，并建立 Tobit 模型，探究绿色技术创新对绿色经济效率的影响，认为绿色技术创新促进了长江经济带绿色经济效率的提升。在国外相关研究方面，诸多学者研究发现技术创新降低了碳排放，有利于节能减排，因而促进了绿色经济效率。

2.人力资本与绿色经济效率

人力资本是绿色经济效率的内在动力，已有文献关于人力资本对绿色经济效率的影响展开了深入研究，并且普遍认为，人力资本对绿色经济效率具有显著的促进作用。赵领娣等（2013）以中国 1997—2011 年 29 个省份为样本，研究发现，人力资本促进了绿色经济效率的提升。唐迪、莫志宏、葛林（2015）利用中国1996—2012年29个省份的面板数据，通过构建Malmquist指数测算绿色经济效率，实证分析了人力资本对绿色经济效率的影响，认为人力资本对绿色经济效率具有正向影响。进一步地，有学者研究人力资本的集聚效应与空间溢出效应对绿色生产的影响。宋涛、荣婷婷（2016）以中国1995—2013年30个省区市为样本，先是测算了人力资本的集聚效应和空间溢出效应，再探究这两种效应对绿色生产的影响，研究显示，人力资本的集聚效应和空间溢出效应对绿色生产具有促进作用，并且人力资本空间溢出效应对绿色生产的促进作用更大。

（三）政府管制层面

1.环境规制与绿色经济效率

已有很多研究实证分析了环境规制对绿色经济效率的影响，由于研究对象以及绿色经济效率测算方法等方面存在差异，研究所得的结论不一致。比如，韩晶、刘远、张新闻（2017）以中国省际面板数据为样本，研究发现，环境规制对绿色经济效率的影响呈现U形。然而多数研究认为，环境规制对绿色经济效率的影响呈现倒U形。Wang & Shen（2016）以中国工业行业为样本，研究认为，环境规制强度与绿色经济效率之间存在倒U形关系，并且在不同行业中二者的关系存在显著差异。齐红倩、陈苗（2018）以中国2006—2015年省际面板数据为样本，研究发现，环境规制对绿色经济效率的影响呈现倒U形，且环境规制的门槛值为0.5995，在达到门槛值之前，环境规制促进绿色经济效率的提升，超过门槛值以后，环境规制对绿色经济效率具有抑制作用。王冉、孙涛（2019）利用2005—2017年中国30个省份的面板数据，研究也发现，环境规制对中国绿色经济效率的影响具有倒U形特征，但是分区域来看，环境规制对东部地区绿色经济效率的影响呈现倒U形，而对中部和西部绿色经济效率均一直产生抑制作用。此外，弓媛媛（2018）利用1997—2013年中国30个省份的面板数据，发现环境规制对绿色经济效率的影响不仅具有非线性特征，而且存在时滞性。

有研究认为环境规制与绿色经济效率具有空间属性，因此可建立空间面板模型进行实证分析。比如，张英浩、陈江龙、程钰（2018）采用

2000—2015年中国30个省份面板数据，利用固定效应空间面板模型研究，结果表明，环境规制对我国绿色经济效率的影响呈现倒U形。张治栋、秦淑悦（2018）考虑空间因素，探究环境规制与产业结构对绿色经济效率的影响，认为环境规制对本地绿色经济效率具有较强的促进作用，而对相邻城市绿色经济效率的促进作用较弱。此外，也有研究认为，由于环境规制的种类较多，所以需要分别研究不同类型的环境规制对绿色经济效率的影响。伍格致、游达明（2019）以2004—2015年中国30个省份的面板数据为样本，研究发现，不同类型环境规制对绿色经济的影响具有显著的差异，并且在不同的区域，这种影响也存在差异。

2. 节能减排与绿色经济效率

在相关研究方面，王兵、刘光天（2015）利用1998—2012年中国30个省份的面板数据，研究发现，节能减排政策显著促进了中国绿色经济增长，并且主要是通过技术进步这一作用渠道，提高了绿色经济效率。傅京燕、司秀梅、曹翔（2018）同样以中国30个省份面板数据为样本，利用双重差分法（DID），研究认为，二氧化硫排污权交易机制对区域绿色发展具有正向影响，排污权交易机制有利于提高区域研发强度，进而可以促进区域绿色发展水平的提升。

第三节 信息通信技术与绿色经济效率关系的研究

为了进一步凸显信息通信技术与绿色经济效率关系的相关研究，本节专门回顾和阐述相关文献。信息通信技术对经济社会发展具有多方面影响，已有研究中，多数文献集中于实证分析信息通信技术对经济增长和节能减排的影响，而经济增长和节能减排仅是绿色经济效率的组成部分，并不能完全表示绿色经济效率。同时，已有研究中，绿色经济效率的影响因素主要体现在产业结构、技术创新、人力资本、环境规制、外商直接投资和城镇化等方面。

从已有研究来看，直接实证研究信息通信技术与绿色经济效率关系的文献较为匮乏。在所检索到的文献中，与本书直接相关的实证研究如下：

在工业行业层面，程中华、刘军（2019）以中国2012—2016年37个工业行业为样本，实证研究信息化对工业绿色增长的影响，发现信息化促进了工业绿色增长。在省级层面，彭继增、李爽、王怡（2019）利用2006—2017年中国省级面板数据，探究了信息化与绿色发展之间的关联性，研究认为，信息化与绿色发展之间存在正向关联。许宪春、任雪、常子豪（2019）以案例分析的方式，结合经济发展、环境保护和社会生活三个层面，阐述了大数据对绿色发展的影响，指出大数据平台通过对各种数据信息的搜集、整合和匹配，帮助科学决策，提高经济运行效率，有效地促进了绿色发展。本章第四节对上述文献进行了述评，在已有研究的基础上，提出了可以进一步补充和完善的内容。

第四节 简要述评

本节主要从信息通信技术与绿色经济效率的测算，以及信息通信技术与绿色经济效率的实证研究两个方面，对已有的文献进行述评。

一、信息通信技术与绿色经济效率的测算

信息通信技术与绿色经济效率的测算是进行相关实证研究的第一步。在信息通信技术的测算方面，国内外文献进行了广泛的研究，构建了多种指标体系。在已有指标体系的构建中，本书发现存在以下三个方面的问题：一是有些学者选择的指标过于单一，仅用互联网普及率或电话拥有率等单一指标，这可能无法综合衡量信息通信技术水平。二是一些机构和学者选择的指标过于泛化，已超出了信息通信技术的技术属性范畴。三是随着信息通信技术的快速发展，一些指标已经不再适宜，需要进一步更新或予以剔除，因此可以依据信息通信技术的概念界定，结合数字经济背景，对信息通信技术的测算指标进行重新选择。关于绿色经济效率的测算方法已经较为成熟，因此可以参照既有研究，建立包含非期望产出的SBM模型或超效率SBM模型对绿色经济效率进行测算。由于绿色经济效率测算需要选择合适的投入和产出变量，因此可以结合现阶段国家的政策文件，在投入和产出变量的选择上进行创新。比如，在绿色经济效率测算中非期望产出

（污染物排放）的选择方面，可以根据国家《"十二五"生态环境保护规划》中对化学需氧量、二氧化硫和氨氮排放量的约束与要求，选择这三种污染物的排放量作为非期望产出。

二、信息通信技术与绿色经济效率的实证研究

从已有文献来看，在信息通信实证研究方面，与本书相关的实证研究主要体现在信息通信技术对经济增长的影响，以及信息通信技术对节能减排的影响两个方面。一方面，信息通信技术具有技术属性，通过提高劳动生产率，促进了经济增长，并且由于区域信息化与经济发展水平等条件的差异，信息通信技术对不同区域经济增长的促进作用存在差异。另一方面，信息通信技术促进企业技术创新，改进了企业生产工艺和流程，推动生产方式的柔性化，进而有利于节能减排，并且信息通信技术对节能减排的促进作用也具有区域差异。在新时期经济高质量发展的背景下，绿色经济效率是一个能够较好地衡量经济增长质量的指标，它综合考虑了经济增长与节能减排。然而在已有研究中，直接实证研究信息通信技术对绿色经济效率影响的文献很少。同时，绿色经济效率影响因素的实证研究也与本书内容紧密相关，梳理该方面的文献可见，已有研究中绿色经济效率的影响因素主要有产业结构、技术创新、人力资本、环境规制、外商直接投资和城镇化等，而将信息通信技术作为绿色经济效率影响因素的实证研究较为匮乏。

在与本书直接相关的几篇文献中，虽然对信息化与绿色发展之间的关系进行了初步的实证研究，但是仍然可以在以下几个方面进行补充和完善。

第一，已有研究并未围绕区域差异展开深入分析，本书考虑到不同区域的特征和区域差异，进一步将区域差异分析作为研究重点之一，不仅分析了区域数字鸿沟、绿色经济效率的区域差异及其变化趋势，而且在此基础上，实证研究信息通信技术对我国不同区域绿色经济效率影响的差异性，同时对这种差异产生的原因进行了理论解释。

第二，已有研究没有对信息通信技术影响绿色经济效率的空间效应进行分解，仅是笼统得出信息通信技术对绿色经济效率的总体影响，缺乏进一步分析信息通信技术对本地和相邻地区绿色经济效率影响的差异性。本

书分别采用普通面板模型和空间面板模型进行实证分析，并且在空间计量分析中，对信息通信技术影响绿色经济效率的空间效应进行分解，得出直接效应、间接效应和总效应，以试图观察、比较信息通信技术对本地和相邻地区绿色经济效率影响的差异性，同时给予相应解释。

第三，本书构建了信息通信技术对绿色经济效率影响的理论分析框架，并进一步对信息通信技术影响绿色经济效率的机制进行实证检验，以理论分析和实证检验相结合的方式，证实了影响机制的可行性和有效性，以对已有相关研究进行拓展和完善。

第四，已有研究可能存在内生性问题，但是并未进行内生性处理，因此会存在估计偏误。本书尝试进一步识别信息通信技术与绿色经济效率之间的因果关系，采用工具变量法进行内生性处理，以尽量减少估计偏误。

第二章　数字经济、信息通信技术
与绿色经济效率的理论分析

本章主要阐释两个方面的内容：一是总结、梳理数字经济、信息通信技术与绿色经济效率的相关理论；二是通过构建理论分析框架，分析数字经济中信息通信技术对绿色经济效率的影响机制，为后文的实证研究提供理论基础。

第一节　相关理论基础

本章对数字经济、信息通信技术与绿色经济效率的相关理论基础进行了梳理和论述。需要说明的是，由于数字经济是信息通信技术应用于经济社会发展的重要体现与成果形式，数字经济的驱动本源是信息通信技术，因此，数字经济和信息通信技术的相关理论基础具有同源性。这些理论与本书研究紧密关联，主要包括以下四个理论。

一、网络效应理论

在信息通信技术产生的背景下，网络效应理论（Network Effect Theory）由以色列学者罗尔夫斯（Jeffrey Rohlfs）于1974年提出，他认为某一个用户从信息通信服务中获得的效用与利用信息通信服务的人数成正比，即利用信息通信服务的人数越多，该信息通信服务给某一个体带来的效用，以及所创造的总价值就会越大。这一理论从定性的角度阐释了网络价值与用户数量之间的正比关系。后来诸多学者对网络效应理论进行了应用和发展，并进行了定量测算。1993年美国学者吉尔德（George Gilder）进一步提出了梅特卡夫定律（Metcalfe's Law）（图形表示见图2-1），指出网络具有较强的正外部性，其创造的价值用公式表示为 $Y = A*X^2$，即网络创造的价值与网

络内节点数的平方成正比[①]。这也是首次有学者基于定量的视角对网络效应进行理论阐释，随着互联网的快速发展和普及，梅特卡夫定律得到了广泛的应用。

信息通信技术的网络效应主要体现在三个方面：一是信息网络效应。信息通信技术水平的提高，促进了各种信息的流通，增强信息和资源的流动性，同时可以产生规模效应，网络中的每一个体与企业均能从网络参与中获得更大的价值，这对于企业的生产经营和经济社会发展产生了更强的推动作用，表明信息通信技术水平越高，其释放的经济效应越大。二是技术网络效应。信息通信技术具有技术属性，并且是一种通用性技术，可以广泛渗透到不同的领域、行业，与其深度融合，通过对传统的产业进行改造，提高产业发展效率及其附加值，促进产业发展的多样化与产业结构升级。三是分工网络效应。信息通信技术可以突破传统地理区位的限制，让不同国家和地区企业的分工与合作更加便捷，扩大合作的范围，促进专业化分工，有利于在较大程度上发挥比较优势，进而提生产效率。除了上述的理论分析以外，国内外一些学者也通过实证研究的方法，证实了信息通信技术的网络效应，发现信息通信技术对经济社会发展的正向影响随着信息通信技术水平的提高而不断增强。

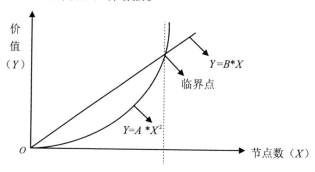

图2-1　梅特卡夫定律（Metcalfe's Law）的图形表示

二、创新理论

1912年，熊彼特（Joseph Alois Schumpeter）在《经济发展理论》一书中首次提出了"创新理论"（Innovation Theory），认为创新是经济发展的根本

①公式中的Y表示网络创造的价值，X为网络节点数，A、B为系数，是正值。

动力。熊彼特的创新理论强调了生产技术和生产方法的革新及其对经济结构变动产生的重要影响。他指出创新主要是生产要素的重新组合，是一种新生产函数在生产中的应用，企业家是实现创新的主体，是将生产要素进行重新组合的执行者和推动者。同时，他总结了创新的五种主要形式：一是引进新产品，即产品创新；二是引进新技术，即技术创新；三是开拓新的市场，即市场创新；四是控制原材料的新供应来源，即资源配置创新；五是实现企业新组织，即组织创新。创新是经济增长的源泉与动力，熊彼特运用创新理论进一步对经济周期的形成原因进行了分析，认为创新引起了经济结构经历"创造性破坏"（Creative Destruction）的过程，即创新可以对旧经济结构进行破坏和变革，进而催生了新的经济结构，不断推动经济结构的变迁。同时在社会经济发展过程中，由于创新的种类是多样的，且在不同的经济发展阶段和经济周期，创新的数量与质量也呈现出一定的差异性，这就导致创新对经济发展影响的时间及大小不同，体现在经济发展状况呈现出阶段性和波动性特征，即产生了经济周期。因此，创新活动与经济周期之间具有密不可分的关联性。在创新与产业发展的关系方面，创新可以催生新产业，进而可能引发主导产业的变化，推动产业结构的变迁。"创新理论"为经济社会以及产业发展建立了坚实的理论基础，后来很多学者在这一理论的基础上展开了广泛、深入的理论研究和探索。比如，曼斯菲尔德（Edwin Mansfiel）、卡曼（Morton Kamien）和施瓦茨（Nancy Schwartz）是熊彼特学派的代表人物，他们认为创新是经济增长的根本动力，并对熊彼特的创新理论进一步丰富与完善。

熊彼特创新理论认为创新是内在产生的，而非外在强加的。然而创新产生之后，可通过大众传播和人际传播的方式进行扩散，美国学者埃弗雷特·罗杰斯（Everett M. Rogers）通过在农业、教育和医疗等行业的试验，于1962年进一步提出了创新扩散理论，指出创新可以通过不同的渠道在社会系统中传播，并分析了创新扩散的构成要素和阶段。具体的，创新扩散由创新、传播渠道、时间和社会系统四个要素构成。其中，创新是扩散的主体和来源，创新的复杂程度和兼容性等是影响创新扩散的重要因素；传播渠道作为创新扩散的方式，决定了创新扩散的广度、深度以及效果；时间体现出创新扩散的过程和创新的利用效率；社会系统是创新扩散的环境，为创新扩散提供保障，因此也影响了创新扩散的效果。创新扩散过程具有五个阶段：一是认知，即开始了解某一种创新，对其有初步认识；二是说服，对某一种创新形成了具体的态度；三是决定，即决定是否应用某一种创新；四是实施，是指正式将某一种创新投入应用；五是确认，即根据应用的具体效果，对某一种创新进行评估。在创新产生之初，创新的应用者较少，创新扩散速度较慢，当应用者数量达到临界水平时，创新扩散速度迅速加快，随着应用者数量进一步增加，达到瓶颈之时，社会中绝大多数群体都已应用了创新，此时创新扩散速度会逐渐减慢。

随着信息通信技术的快速发展，互联网、大数据和云计算等信息通信技术促进了创新模式的变革，即进入创新2.0模式，与用户被动接受创新的传统创新模式相比，创新2.0模式具有以用户为中心、人人参与创新与开放创新的重要特征，体现了创新的民主化。在创新2.0模式中，多主体共同参与创新，使得技术进步与创新之间的互促互进效应得到更加充分的体现，技术进步推动了创新，同时社会创新需求的提升对技术进步又提出了更高的要求，进而拉动了技术进步，二者的融合发展促进更高质量创新的产生。而且，信息通信技术的发展促进了创新的共享，使得创新的传播与扩散变得更加高效，创新的获取更加便捷，突破了传统创新扩散的瓶颈，进一步加快了创新扩散速度。

三、内生增长理论

新古典增长理论认为技术进步是外生的、随机的，并假定规模报酬不变，该理论在解释长期经济增长时存在明显的局限性，而内生增长理论对新古典理论进行改进，将技术进步作为内生变量引入经济增长模型中，并认为技术进步是经济增长的源泉，同时还指出知识和人力资本具有外部性和溢出效应，使得经济增长能够呈现规模报酬递增的特征。

20世纪60年代以来，以阿罗（Kenneth J. Arrow）（1962）、罗默（Paul M. Romer）（1986）和卢卡斯（Robert E. Lucas）（1988）为代表的学者提出并发展了内生增长理论。阿罗（1962）强调了学习和实践的重要性，学习和实践是知识获取以及传播的重要形式。他假定技术进步是投资和生产中的一种副产品，首次将技术进步内生化，构建了"干中学"模型，他认为技术进步可以有效地促进经济增长。阿罗的"干中学"模型是内生增长理论的源头。1986年罗默在阿罗的基础上，建立了知识溢出模型。罗默认为知识也是一种资本，但是与一般物质资本的属性存在差异。知识具有正外部性和溢出效应，每一个体可以在社会环境的学习中提升个人技能和劳动生产率，进而能够产生边际报酬递增的效益，因此，他指出知识的不断积累是社会经济持续增长的动力。卢卡斯（1988）提出了人力资本积累理论，认为人力资本对经济增长产生推动作用，可以为经济长期、持续增长提供有力的理论解释。卢卡斯将技术进步内生化，构建了内生增长模型。他指出人力资本是内生的，具有内部效应和外部效应，即人力资本不仅可以给个人自身带来效益，同时能够提高所有要素的生产率，人力资本的外部效应使得人力资本成为经济持续增长的重要引擎。内生增长理论重点阐释了技术进步是经济长期增长的动力和源泉，为经济持续增长提供了有效的理论解释。

信息通信技术的应用促进了知识和技术的扩散，拓展了流通渠道，使得社会中的个体、企业对新知识、新技术的获取更加便捷、高效，加速了知识和技术溢出效应的释放，有利于进一步提升人力资本水平，提高企业的生产效率和经济增长质量，推动经济持续增长，而经济增长质量的提高以及经济持续增长也是绿色经济效率内涵的重要体现。

四、绿色增长理论

绿色增长理论是绿色经济效率理论的本源与支撑。新古典增长理论与内生增长理论主要讨论了包括劳动力、资本和技术等要素对经济增长的影响。随着工业化的快速发展，资源短缺与环境污染问题逐渐凸显，国内外一些机构和学者意识到，在经济增长过程中，需要考虑资源消耗和污染排放因素，进而实现绿色增长。在不同的时代背景和阶段，人们对绿色增长的认识与理解具有差异，绿色增长理论也在不断地发展与完善。早期绿色增长强调的是注重环境保护，即通过制定和提出环境政策，旨在解决工业文明发展产生的环境污染问题。随着经济社会不断发展，人们认识到发展才是绿色增长的主体和宗旨，此时绿色增长重在强调环境与经济的协调发展，在促进经济增长的同时，注重环境保护。即绿色增长是一种低消耗、低污染、高效率的经济增长模式，不仅需要促进经济增长，而且应提升资源利用效率，减少资源消耗与环境污染，促进经济与环境的协调发展。比如2011年经济合作与发展组织（OECD）在《迈向绿色增长》的报告中指出，绿色增长是在经济增长的同时，保证自然资源能够持续给人类提供资源和环境服务。世界银行（World Bank）（2011）认为绿色增长是在经济增长过程中，实现资源利用的节约化和清洁化，并且不会降低经济增长速度。Jacobs（2012）指出绿色增长的重点在于经济增长，减少资源消耗和环境污染是实现经济增长的方式。在绿色增长的核算方面，学者主要采用绿色GDP指标进行核算，即先通过采用科学的方法，对社会生产所损耗的自然资源和产生的环境污染进行定量评估，再在传统GDP中扣除自然资源损耗和环境污染代价。

一些研究进一步把人的发展与社会包容因素纳入绿色增长的内涵体系中，此时绿色增长包括了经济、环境与社会协调发展等要素。诸多学者主要基于这一框架构建绿色增长理论。比如张旭、李伦（2016）认为绿色增长是利用最低的资源消耗和环境污染成本创造出最大的经济和社会效益。赵奥、郭景福、武春友（2017）从经济高效、规模适度和较强的包容性三个维度对绿色增长进行阐述，丰富了绿色增长的内涵。因此，随着人们对绿色增长研究的逐渐深入，绿色增长理论与内涵得以不断拓展和完善。绿色经济效率强调的是以较低的要素资源投入，得到更高水平的经济增长，同时带来较少的环境污染，因而是绿色增长理论的核心内容，并且是以效率的形式体现出区域绿色增长能力和发展水平。

第二节　信息通信技术对绿色经济效率的影响机制

信息通信技术对绿色经济效率的影响主要有两种机制，一是信息通信技术促进技术创新。信息通信技术具有技术属性和协同效应，能促进技术创新，有助于缩短企业生产周期与流程，并且增强生产、销售、流通等部门和环节之间的联系，提升各部门之间协作和资源利用效率，这一过程还可以减少资源浪费和能源消耗，有利于经济增长和节能减排，促进绿色经济效率水平的提高。同时，信息通信技术的应用及发展水平的提高，加强了企业之间的合作、交流，推动了知识和技术的外溢，便于企业对外部先进技术的获取与应用，以提高企业技术创新水平，进一步带动整个区域技术创新的发展。而技术创新是经济增长和节能减排的内生动力，不仅能够提升劳动力、资本和能源等要素资源的利用效率，而且可以减少能源消耗与污染排放，促进经济增长和节能减排，进而提高绿色经济效率水平。

二是信息通信技术推动产业结构升级。信息通信技术具有渗透效应，通过与不同产业的深度融合，对传统产业进行改造，促进产业结构升级，具体体现在三次产业之间和各产业内部结构升级两个方面。信息通信技术促进产业由第一、二产业向第三产业演进，以及推动劳动和资本密集型产业向知识和技术密集型产业转变，向智能化、服务化和绿色化方向发展，并且产生新产业、新业态和新模式，促进经济增长，减少能源消耗和污染排放，提高绿色经济效率水平。因此，本章将技术创新与产业结构升级作为信息通信技术影响绿色经济效率的两种机制（如图2-2），以进行理论分析，同时对区域差异的影响机制予以阐述。

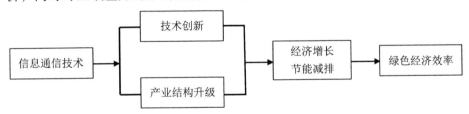

图2-2　信息通信技术对绿色经济效率的影响机制

一、信息通信技术、技术创新与绿色经济效率

（一）信息通信技术与技术创新

信息通信技术具有协同效应，促进了技术创新，在社会生产系统中，主要体现在企业内部和企业之间两个方面[1]。在企业内部，信息通信技术具有技术属性，改进了企业的生产工艺和流程，优化了生产要素组合。熊彼特创新理论指出，创新是生产要素的重新组合，信息通信技术是一种具有

———————
[1] 由于企业是社会生产活动的基本单元，并且是区域技术创新的重要主体，因此，在该部分的影响机制分析中，重点阐述了由信息通信技术的应用以及发展水平的提升而带来的企业技术创新。企业技术创新水平的提升，进一步带动了整个区域技术创新的发展。

技术属性的生产要素，将其应用于生产过程中，通过对劳动力、资本和技术等生产要素的有效整合，增强要素之间的协同性，促进技术创新，进而提高要素资源的利用和生产效率，有利于减少生产过程中的资源浪费、能源消耗，降低污染排放。同时，信息通信技术促进了资源的共享和信息的流通，提升了企业生产、销售等各部门之间的衔接和协作效率，缩减了生产和销售中的中间环节。信息通信技术的应用，还可以减少企业的管理层级，推动企业扁平化发展，提高其管理效率和灵活性。通过企业各部门之间高效协作以及扁平化发展，降低生产、管理和技术创新成本，为企业的技术创新创造有利条件。

从企业之间来看，信息通信技术的应用以及发展水平的提高，可以消除空间距离和信息隔阂，各关联企业通过信息与资源的共享，能够更为广泛地实现跨区域合作。在全球化背景下，跨区域合作不仅包括深化国内不同地区企业之间的合作，而且加强了本国与国际企业的合作，企业之间的网络联系愈发紧密，合作与交流变得更加便捷化、高效化与低成本化，有利于企业之间开展技术创新活动，提升技术创新效率。并且随着信息通信技术发展水平的不断提高，加速了区域知识和技术的外溢，在较大程度上推进知识和技术溢出效应的释放，有助于各企业及时获取、学习和吸收外部先进技术（包括先进的绿色技术），并在各种技术的互补与交融中，进一步促进了企业的技术创新。

基于区域层面分析，信息通信技术发展水平的提高，推进区域创新要素自由、高效流动，提高区域创新要素与创新主体的匹配、对接效率，降低协调成本，并通过加强区域各创新主体之间的协同互动，助力实现技术突破与技术创新。信息通信技术促进知识和技术的扩散，增加其流通渠道，扩大传播范围，一方面使得区域各创新主体快速获取先进技术，进而直接提高区域技术创新水平；另一方面，人们对新知识的搜集和掌握更加便捷、精准，提高区域人力资本水平，而人力资本是区域技术创新的重要影响因素，推动新技术的研发和应用，这也有利于促进区域技术创新的发展。

企业技术创新与区域技术创新之间具有紧密联系，企业是区域经济发展的重要微观组成部分，也是区域技术创新系统中的主体与核心。企业技术创新水平的提高，带动了区域技术创新的发展，并且企业技术创新是区域技术创新水平和创新能力的主要体现。因此，信息通信技术在促进企业技术创新的过程中，亦推动了整个区域技术创新水平的提高（如图2-3）。

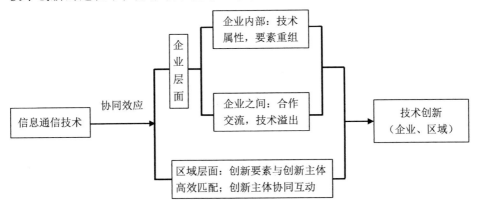

图2-3　信息通信技术促进技术创新

在相关研究方面，已有研究一致认为信息通信技术对技术创新具有促进作用。在国外研究方面，有学者定性分析信息通信技术对技术创新的影响。Bresnahan et al.（2002）研究发现，信息通信技术能够优化企业的组织结构和生产流程，提高企业生产经营的灵活性和技术创新水平。Matthing（2006）认为信息通信技术可以促使企业采用更先进的生产管理模式，以及对现有的各要素资源进行优化重组，增强企业生产运营的柔性，提升技术创新效率。Arvanitis et al.（2013）基于信息获取的视角，发现信息通信技术提高了企业对产品的生产与消费信息的获取能力，便于企业及时对产品生产的数量、质量以及生产流程进行优化与改进，进而促进了企业的技术创新。

近年来，更多的学者进一步利用各种微观调查数据，对二者之间的关系进行实证研究。Hilton（2011）以英国2500家企业为样本，研究认为，信息通信技术促进了企业生产和销售流程的创新，这也是企业技术创新的重要体现。Kleis et al.（2012）以1987—1997年美国201家企业为研究对象，发现信息通信技术对企业的专利授权数量具有正向影响，即企业的信息通信技术水平越高，其专利授权数量也越多。Cirera（2016）利用2014年撒哈拉以南六个非洲国家的3000家企业样本数据，研究发现，信息通信技术促进了六个国家中企业的技术创新，提升了劳动生产率。Skorupinska &

Torrent-Sellens（2017）使用2009年管理、组织和创新调查（MOIS）的数据，以保加利亚、波兰、罗马尼亚、塞尔维亚和乌克兰等444家制造业企业为研究对象，研究也认为，信息通信技术对技术创新以及劳动生产率均具有正向影响。Luis et al.（2018）以墨西哥西北部412家中小企业为研究对象，发现信息通信技术的应用，有利于提高这些中小企业的技术创新水平。Pierre et al.（2018）利用2008—2014年荷兰制造业和服务业企业的数据，研究发现，信息通信技术对企业的研发投入，即技术创新水平具有显著的促进作用。

在国内研究方面，学者对信息通信技术与技术创新的关系也展开了研究，一些学者以微观层面的企业为研究对象。比如，孙群英、毕克新（2010）以黑龙江102家企业为样本，研究发现，企业信息化对技术创新能力具有正向影响，企业信息化程度越高，技术创新能力也越强。高巍、毕克新（2011）采用黑龙江省108家制造业企业的数据，认为企业各种形式的信息化均能够对其技术创新能力产生促进作用。付睿臣、刘洋（2012）以大庆市109家企业为研究对象，研究认为，企业使用信息通信技术可以有效提高其技术创新能力。金碚（2014）指出，通过应用信息通信技术，能够使企业实现机器设备的数控化、智能化，以及企业生产工艺及流程的科学化。王娟（2017）以2012年中国25个城市的2848家企业为研究对象，研究显示，信息通信技术对企业技术创新具有显著的促进作用。刘洪涛、杨洋（2018）研究认为，信息通信技术的应用促进了企业生产工艺的改进，提高了其技术创新水平。张三峰、魏下海（2019）通过使用1998—2000年和2012年中国制造业部分企业数据分析发现，企业应用信息通信技术可以释放技术进步效应，提升生产制造的柔性化，提升企业资源使用效率。

部分学者以中观层面的工业和服务业为研究对象，实证分析信息通信技术对技术创新的影响。许港、杨晓、韩先锋（2013）以2005—2010年中国37个工业细分行业为样本，研究发现，工业行业的信息化对技术创新具有促进作用。韩先锋、惠宁、宋文飞（2014）以2005—2011年中国工业行业为研究对象，基于信息提供能力和需求水平两个方面建立工业行业信息化指数，实证分析工业行业信息化水平对技术创新效率的影响，结果显示，工业行业信息化对技术创新效率具有显著的正向影响，并且影响程度呈现先上升后下降的倒 U 形特征。惠宁、刘鑫鑫（2017）利用2011—2015年中国工业行业面板数据，从空间角度研究了信息化对工业技术创新效率的影响，研究认为，信息化对本地工业行业技术创新效率具有促进作用，而对于相邻地区技术创新效率具有抑制作用。吴穹、仲伟周、陈恒（2018）以2011—2015年中国工业行业为样本，利用 DSGE 模型，从空间角度进行实证分析，发现信息化促进了工业技术创新效率。考虑到互联网是信息通信技术的重要表现形式，有学者进一步研究发现，互联网的普及和应用有利于提高工业技术创新效率。在信息通信技术对服务业技术创新影响的研究方面，毕斗斗、谢蔓、方远平（2013）以2000—2010年广东省21个地级市的服务业为样本，发现信息通信技术显著促进了服务业技术创新，并且在短期的促进作用大于长期的。

也有学者基于宏观的区域层面，研究了信息通信技术对区域技术创新的影响，并比较了其在不同区域之间的差异。郑艳民、张言彩、韩玉启（2013）使用中国省际面板数据，研究认为，信息化对区域技术创新能力具有积极影响。储伊力、储节旺（2016）基于中国东部、中部、西部三大区域比较的视角，实证分析信息化对不同区域技术创新的影响，研究发现，在东部和西部地区，信息化对技术创新具有显著的促进作用，而在中部地区，虽然信息化对技术创新具有正向影响，但是不显著。张骞、吴晓飞（2018）研究得出了不同的结论，通过利用2003—2015年中国省际面板数据，发现信息化对技术创新能力具有正向影响，但是分区域来看，信息化对中、西部地区技术创新能力的正向影响程度大于对东部地区的。此外，陈淑云、陶云清（2019）同样采用中国省际面板数据，研究认为，"互联网+"有利于促进区域技术创新，并且"互联网+"对我国东部和西部地区技术创新的影响显著，而对中部地区的影响并不显著。

（二）技术创新与绿色经济效率

技术创新有助于改变传统的粗放型生产模式，是实现集约型生产的主要手段，为企业的节能减排提供了技术支撑，也是企业节能减排的内生动力和源泉。技术创新不仅可以从根本上提升劳动力、资本、能源等要素资源利用效率，对降低能源消耗具有显著作用，而且能够减少污染排放，是企业节能减排的关键路径。由此可见，技术创新提高了要素资源利用效率，促进经济增长，并减少污染排放，因而有利于提高绿色经济效率水平。

已有研究进一步表明，技术创新是增强绿色生产力的重要途径，也是绿色经济效率的主要推动力。在相关研究方面，袁润松等（2016）以中国2000—2014年30个省份为研究对象，研究认为，技术创新对绿色经济效率具有显著的正向影响。吴新中、邓明亮（2018）利用长江经济带108个城市的数据，发现技术创新是绿色全要素生产率不断提升的重要驱动力，对绿色全要素生产率具有显著的促进作用。葛鹏飞、黄秀路、韩先锋（2018）以"一带一路"沿线国家为研究对象，也得出技术创新促进了绿色全要素生产率这一结论。刘云强等（2018）进一步探究了绿色技术创新对长江经济带绿色经济效率的影响，认为绿色技术创新促进了长江经济带绿色经济效率的提升。此外，国外研究也发现，技术创新降低了碳排放，有利于节能减排，进而促进了绿色经济效率（如图2-4）。

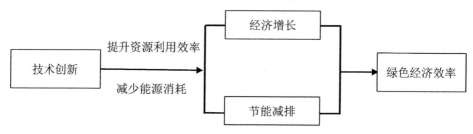

图2-4　技术创新提升绿色经济效率

根据以上论述，本章提出如下研究假说：

假说1：信息通信技术对绿色经济效率具有促进作用。

假说2：技术创新是信息通信技术影响绿色经济效率的机制，信息通信技术通过促进技术创新，进而提高绿色经济效率水平。

二、信息通信技术、产业结构升级与绿色经济效率

（一）信息通信技术与产业结构升级

产业结构升级主要体现的是产业结构的高度化，表现在三次产业结构的变迁以及各产业内部结构升级方面，即产业发展由第一、二产业向第三产业演进，同时在各产业内部，产业由劳动和资本密集型向知识和技术密

集型转变。

信息通信技术具有渗透效应，不仅能够渗透到传统产业，与其融合，而且可以快速推进不同产业之间的融合，消除产业之间的界限，促进传统产业的转型、升级，提升产业发展效率和附加值。近年来，以互联网、大数据和云计算为代表的新一代信息通信技术的快速发展，不仅加快了商品市场信息的流通速度，增加信息的透明度，而且优化要素资源配置，提升资源配置效率，为传统产业的发展提供了良好的平台，创造了新的发展机遇，是传统产业提质增效的重要手段与途径。同时，信息通信技术推动了传统产业的数字化、智能化和网络化发展，有助于增强传统产业的活力和创新水平，促进传统产业的更新换代，提高产业的发展质量、效率以及竞争力。

从信息通信技术对三次产业以及各产业内部结构的影响来看，在农业方面，信息通信技术的应用不仅可以减少农产品信息不对称，改善农业的生产和经营方式，提高农业生产率，而且能够打破农业与第二、三产业之间的边界，促进农业与第二、三产业的融合。比如"互联网+农业"即为信息通信技术在农业中应用的体现，一方面可以使农产品市场信息更加透明化，另一方面带动了农产品加工业以及休闲农业的快速发展，促进了农业生产的智能化、精细化和农业发展形式的多样化，让农业与第二、三产业深度融合。

在制造业方面，信息通信技术在制造业的渗透可在两个方面促进制造业的升级。一是制造业内部的自动化和智能化发展。信息通信技术在制造业研发、生产与销售等环节中的渗透与应用，对制造业的生产方式、管理模式和价值链等产生了重要影响，有利于制造业的自动化和智能化发展，促进了制造业的转型升级，使得制造业由劳动和资本密集型向知识和技术密集型转变。二是制造业服务化发展。所谓制造业服务化，是指制造业由传统的生产产品为主要业务，不断向生产产品和提供服务的形式演变，并且以提供服务为主要的发展方向，以提高产品附加值。信息通信技术通过提供技术和平台支持，以及对要素资源的有效整合，促进了制造业服务化发展，不仅丰富了制造业的发展形式，而且在较大程度上带动了生产性服务业发展，推动产业结构趋向于服务化，因此也有利于促进三次产业之间结构升级。

在服务业方面，信息通信技术不仅增强了传统服务业的发展活力，通过网络平台的建设，提高传统服务业的管理和运营效率，而且进一步衍生出智能型、共享型等新型的服务形式和产品，提升服务业发展质量，推动了服务业多样化、高级化发展。同时，信息通信技术与各产业的融合，亦可催生出以数字化、智能化为主要特征的新产业、新业态以及新模式，比如滴滴出行、货车帮等。因此，根据以上的论述，信息通信技术在各产业中的渗透，以及与不同产业的融合，可以对传统产业进行改造，促进了三次产业以及各产业内部结构的优化升级，为产业发展提供了新的动能（如图2-5）。

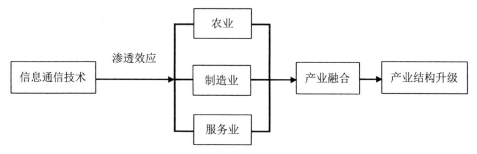

图2-5　信息通信技术促进产业结构升级

随着信息通信技术的不断发展，特别是近年来，以互联网、大数据和云计算为代表的新一代信息通信技术的产生，信息通信技术的应用更加广泛，对改造传统产业，促进产业结构升级产生了愈发重要的作用。国内外学者关于信息通信技术对产业发展和产业结构升级的影响展开了研究。

在国外研究方面，国外诸多学者的研究主要集中于信息通信技术对不同产业发展的影响，研究普遍认为，信息通信技术有助于提高各产业的劳动生产率，对产业发展具有促进作用。比如Jalava & Pohjola（2007）利用1995—2002年芬兰各产业的数据，研究认为，信息通信技术促进了各产业的发展，提高了其劳动生产率，并且可以对劳动生产率贡献1.08个百分点。Dimelis & Papaioannou（2011）利用1980—2000年美国和欧盟工业行业数据，实证分析并比较信息通信技术对美国和欧盟工业发展的影响，研究认为，从总体上来看，信息通信技术对工业发展具有正向影响，然而在不同阶段，这种影响程度存在差异。在20世纪90年代初，信息通信技术对欧盟工业发展的促进作用较大，但是在20世纪90年代末，信息通信技术对美国工业发展的促进作用更大。Moczulski et al.（2016）研究发现，信息通信技术促进了采矿业的发展，推动了机电一体化的形成。一些学者实证分析了信息通信技术对各种服务业发展的影响，研究对象主要包括整体服务业行业、建筑业、医疗卫生行业和文化旅游业。Giotopoulos & Fotopoulos（2010）以1995—2001年希腊4975家服务业企业为研究对象，采用动态面板模型中的系统GMM方法，发现信息通信技术提高了服务业劳动生产率，对服务业发展具有促进作用。Ikediashi & Ogwueleka（2016）以尼日利亚建筑业为研究对象，认为信息通信技术的应用提高了尼日利亚建筑业的管理与发展效率。Saini et al.（2016）指出信息通信技术有利于医疗卫生行业数据的传输与录入，可在较大程度上提高该行业的发展效率。Shishmanova（2019）认为信息通信技术促进了文化旅游业的发展，主要原因是，信息通信技术改变了文化旅游产品的销售和购买方式，提高了产品的交易效率。

少有研究进一步比较了信息通信技术对各产业影响的差异性，这类研究可以为信息通信技术对产业结构的影响提供重要的解释。比如Miyazaki et al.（2012）以日本为研究对象，认为信息通信技术能够提高产业的劳动生产率，并且对不同产业劳动生产率的影响程度存在差异。Polder et al.（2018）利用2007—2012年荷兰各行业数据，研究发现，信息通信技术对荷兰不同产业的影响程度也具有明显的差异。

在国内研究方面，早期学者主要通过定性分析认为，信息通信技术可以改造传统产业，使得产业结构趋于"软化"，即促进了产业结构升级。近年来，诸多学者通过定量的方法，实证分析信息通信技术对产业结构升级的影响。一些学者研究了信息通信技术对某一种产业或行业发展的影响。金鹏、周娟（2016）以2001—2013年中国各省区市为研究对象，发现信息化对旅游业发展具有显著的正向影响，信息化推动了旅游业的发展。李波、梁双陆（2017）采用2005—2010年中国各地区工业行业面板数据，研究认为，信息通信技术促进了工业行业产值的增加，并且对于信息化密度较高的工业行业，这种促进作用更大。具体的，信息通信技术对重工业的促进作用大于对轻工业的，且对装备制造业的促进作用大于对非装备制造业的。

多数学者研究了信息通信技术对产业结构升级的影响，均认为信息通信技术促进了产业结构升级。陶长琪、周璇（2015）利用2003—2012年中国省际面板数据，研究发现，信息产业与传统制造业的融合发展促进了产业结构升级。荼洪旺、左鹏飞（2017）采用2010—2014年中国30个省区市的面板数据，运用空间计量分析方法，研究认为，信息化促进了产业结构升级。郭美晨（2019）利用2002—2016年的时间序列数据，通过建立灰关联熵模型，实证分析信息通信技术对中国产业结构升级的影响，认为信息通信技术对产业结构产生突破和融合效应，因而推动了产业结构升级，并且2010年以后，信息通信技术对产业结构升级的促进作用更强。张治栋、李发莹（2019）以2007—2016年长江经济带108个地级市为样本，利用空间杜宾模型，研究发现，通信基础设施具有正向的空间溢出效应，促进了本地和相邻地区的产业结构升级。

有学者进一步分析和比较了信息通信技术对不同区域产业结构升级影响的差异。昌忠泽、孟倩（2018）以1995—2012年中国31个省区市为研究对象，研究认为，信息通信技术促进了产业结构升级，并且从区域比较来看，信息通信技术对中西部地区产业结构升级的促进作用大于东部地区。也有学者研究认为，信息通信技术与产业结构之间呈现互相促进的关系。比如，赵昕、荼洪旺（2015）利用2002—2013年中国省际面板数据，研究发现，信息化与产业结构升级之间存在正向关联，二者之间互相促进。

此外，由于互联网是信息通信技术的重要特征和组成部分，近年来一些学者研究了互联网发展对产业结构升级的影响。惠宁、周晓唯（2016）采用2003—2013年中国省际面板数据，研究发现，互联网促进了产业结构升级，推动产业结构高级化发展。徐伟呈、李欣鹏（2018）基于生产率贡献度的视角进行考察，研究表明，在中国新业态快速发展的地区，互联网对第三产业生产率的贡献度明显高于第二产业，进而有利于提高产业结构层次，推进产业结构升级。胡俊（2019）以中国31个省份为研究对象，认为区域互联网发展水平的提升显著促进了制造业升级。

（二）产业结构升级与绿色经济效率

产业结构升级提高了产业发展质量和效率，可以减少能源消耗和污染排放，是绿色经济效率提升的重要途径。已有诸多研究表明，产业结构升级一方面是生产要素的重置过程，体现出各生产要素向生产效率较高部门的自由流动，进一步优化了要素资源的配置，提高要素资源的生产效率；另一方面也是节能减排的过程，降低了能源消耗和污染排放水平，有助于改善生态环境质量。即产业结构升级提高了生产效率，促进了经济增长和节能减排，因而有利于提高绿色经济效率水平。

从新经济视角来看，作为一种技术手段，信息通信技术促进了新产业、新业态和新模式的产生和发展，这是现阶段产业结构升级的重要方向，有利于提高资源利用效率，并减少资源浪费以及能源的消耗强度，提升绿色经济效率水平。具体的，随着信息通信技术的快速发展，互联网、大数据和云计算等新一代信息通信技术促进了数字经济、共享经济等新业态的发展，通过利用公共服务平台，消除信息壁垒，提高市场上商品和服务信息的透明度，有效匹配供求信息，进而可以减少资源闲置、浪费和能源消耗，提高资源和能源的利用效率。比如共享经济①可以通过产品的循环分享、利用，对产品增量进行控制，盘活、优化产品存量，因此在共享经济的相关产品生产中，可以通过生产较少的产品满足更多的市场需求，以减少对原材料物质资源的开发与消耗，提高现有产品、资源和能源的利用效率，进而有助于提升绿色经济效率水平。同时，共享经济在现实生活的应用中，也可以提高绿色经济效率。以共享单车、滴滴出行等共享经济为例，共享单车不仅满足了人们的短距离出行需求，而且能够在一定程度上缓解交通拥堵，降低由汽车尾气带来的环境污染。Uber、货拉拉和货车帮等新经济，通过公共服务平台上供需信息的有效匹配，提高汽车的出行效率，降低了空驶率，也可以减少汽车尾气排放和环境污染。因此，共享经济在提高经济运行效率，促进经济快速增长的同时，也有利于节能减排，进而提升了绿色经济效率水平。

在产业结构对绿色经济效率影响的实证研究方面，学者一致认为产业结构升级有利于经济增长与节能减排，因而促进了绿色经济效率。Jin（2013）和Peng（2015）指出，产业结构升级可以提高资源利用效率，并改善环境质量。赵领娣等（2016）实证研究了产业结构升级对绿色经济效率的影响，发现产业结构高级化与合理化对绿色经济效率均具有促进作用。

_____

① 共享经济（Sharing Economy）包括共享汽车、共享单车、共享充电宝等。共享经济一词最早由美国学者马科斯·费尔逊（Marcus Felson）和琼·斯潘思（Joel Spaeth）于1978年提出。

近年来，也有研究对绿色经济效率的测算方法加以改进。曹鹏、白永平（2018）通过建立超效率SBM模型对我国各省份的绿色经济效率进行测算，并对其影响因素进行分析，研究认为，产业结构升级有助于提升绿色经济效率（如图2-6）。此外，有学者进一步考虑了空间因素，如张治栋、秦淑悦（2018）利用长江经济带108个城市样本，考虑空间因素之后，发现产业结构高级化与合理化对本地绿色经济效率均具有显著的促进作用。

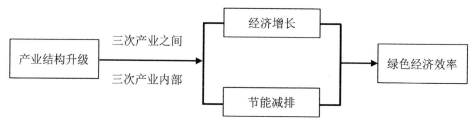

图2-6 产业结构升级提升绿色经济效率

因此，本章继续提出如下研究假说：

假说3：产业结构升级是信息通信技术影响绿色经济效率的机制，信息通信技术可以通过促进产业结构升级，进而提高绿色经济效率水平。

根据以上的论述，我们认为技术创新与产业结构升级是信息通信技术影响绿色经济效率的两种机制，也是绿色经济效率的两个重要影响因素。信息通信技术促进了技术创新与产业结构升级，进而推动了经济增长与节能减排，提高了绿色经济效率。具体来说，信息通信技术的应用以及发展水平的提升，通过技术属性和协同效应，推动了企业乃至整个区域技术创新的发展。同时，信息通信技术具有渗透效应，通过与各产业的深度融合，促进了产业结构向知识和技术密集型转变，提升了产业发展效率和产业结构层次，这不仅有利于提高资源和能源的利用效率，促进经济增长，而且可以降低资源、能源的消耗和环境污染程度，因而有助于提高绿色经济效率。本章主要是对技术创新与产业结构升级两种影响机制进行理论分析，第五章内容在此基础上进一步对这两种影响机制做以实证检验。

三、区域差异的影响机制

由于信息通信技术对绿色经济效率影响的区域差异是本书研究的另一方

面的重要内容，因此，本章进一步对其中的影响机制进行研究和阐述。考虑到我国东部、中部和西部地区的信息通信技术、人力资本和经济发展水平等存在明显的梯度差异，因而，信息通信技术对不同区域绿色经济效率的影响也可能具有差异性。在区域差异的相关研究方面，有研究认为，中西部地区技术创新能力相对较低，并且由于后发优势的作用，信息化对中西部地区技术创新能力的正向影响大于东部地区（张骞、吴晓飞，2018）。然而也有一些研究发现，信息通信技术对我国东部、中部和西部经济增长的促进作用具有显著差异，信息通信技术对东部地区经济增长的促进作用大于中西部地区。但是已有研究并未对区域差异的影响机制进行深入分析。

本章基于以下两个视角，对信息通信技术影响绿色经济效率的区域差异进行机制分析。

一是信息通信技术规模视角。信息通信技术具有网络效应，在信息通信技术水平更高的地区，不同个体、企业之间的交流和分工更加便捷，形成了高密度的空间联系网络。此时，区域中各种知识、技术等信息的传递和分享变得更加高效，信息通信技术水平的提升导致其释放的正向效应以及创造的价值成倍扩大，大幅推进技术创新和产业结构升级，因而对绿色经济效率的促进作用更强。我国东部地区信息通信技术水平明显高于中西部地区，因此，东部地区信息通信技术对绿色经济效率的促进作用可能更大。

二是信息通信技术应用能力视角。信息通信技术正向效应的释放在很大程度上取决于区域信息通信技术的应用能力，只有对信息通信技术进行充分、有效地应用，其对经济社会发展释放的正向效应才会更强，对绿色经济效率的促进作用才会更大。教育水平和信息通信技术人才规模对信息通信技术的应用具有积极影响，在居民教育水平更高、信息通信技术人才规模更大的地区，信息通信技术可能被应用得更加充分，因此对绿色经济效率产生了更大的促进作用。从教育水平、信息通信技术人才规模的区域比较来看，我国东部地区居民总体的教育水平和信息通信技术人才规模高于中西部地区，因此，东部地区信息通信技术对绿色经济效率的正向影响可能更大。

根据上述分析，我们认为信息通信技术对我国不同区域绿色经济效率的促进作用可能存在差异，并据此提出如下研究假说：

假说4：由于不同区域信息通信技术规模和应用能力的差异，导致信通信技术在各区域释放的正向效应程度不同，我国东部地区信息通信技术规模和应用能力均高于中西部地区，因此，信息通信技术对东部地区绿色经济效率的促进作用大于中西部地区。

本章小结

本章选择了网络效应理论、创新理论、内生增长理论和绿色增长理论作为研究的理论基础。其中网络效应理论、创新理论是数字经济与信息通信技术的相关理论，同时也是信息通信技术对绿色经济效率影响及区域差异的理论基础，可以用于解释信息通信技术对绿色经济效率影响的原因，以及这种影响在不同区域存在差异的现象。内生增长理论和绿色增长理论是绿色经济效率的相关理论，体现的是经济持续、高质量发展以及绿色发展的理论思想，这些理论为本书的研究提供了很好的理论支撑。

在信息通信技术对绿色经济效率影响机制的分析方面，本章主要从技术创新和产业结构升级两个方面展开论述，这也是两种重要的影响机制。一方面，信息通信技术促进了技术创新，提高了资源利用效率，减少污染排放，有利于经济增长和节能减排；另一方面，信息通信技术通过对传统产业进行改造，提升了产业结构层次，促进了产业数字化、网络化和智能化发展，这也有助于经济增长和节能减排，因而提高了绿色经济效率水平。

信息通信技术对绿色经济效率的影响也可能存在区域差异，在区域差异的影响机制方面，本章从信息通信技术规模和应用能力两种视角进行分析。一般地，在信息通信技术水平、信息通信技术人才规模和居民总体教育水平更高的地区，信息通信技术释放的正向效应更大，进而对该区域绿色经济效率的促进作用也更大。结合我国实际，我国东部地区信息通信技术水平、信息通信技术人才规模和居民总体教育水平明显高于中西部地区，因此，信息通信技术对东部地区绿色经济效率的促进作用可能会大于中西部地区。根据信息通信技术与绿色经济效率的相关理论和影响机制分析，本章共提出了四个研究假说。

第三章 基于数字经济背景的信息通信技术与绿色经济效率测算

本章主要是基于数字经济背景，对信息通信技术与绿色经济效率进行描述性分析，包括两个方面内容，一是基于数字经济背景的信息通信技术水平测算与区域差异比较。即在指标体系构建的基础上，对我国信息通信技术水平进行测算，并在省际之间、区域之间进行比较，描述信息通信技术与区域数字鸿沟的变化趋势。二是绿色经济效率的测算与区域差异分析。即通过选择科学、合理的指标，测算我国绿色经济效率水平，并进行区域差异分析，阐释我国绿色经济效率水平及其区域差异的变化情况。

第一节 基于数字经济背景的信息通信技术水平测算

一、指标、数据和测算方法

（一）指标体系的构建

导论中阐释了信息通信技术的广义和狭义概念，在不同概念中，信息通信技术的内涵存在差异，因此，已有研究对于信息通信技术指标选择与构建并未达成共识。我们认为，信息通信技术指标体系的构建需要依据具体的概念界定和研究背景，并且围绕和突出重点内容，不宜过于泛化、重复化。本节紧密结合信息通信技术的概念，研究的背景以及数据可得性，在已有研究的基础上，构建了新的信息通信技术指标体系。

信息通信技术指标体系构建的主要原则如下：一是结合数字经济背景。在数字经济背景下，大数据、云计算等新一代信息通信技术主要是以互联网为基础而产生和发展的，因此，指标体系构建时突出了宽带网络的相关指标，此外也包括了移动通信和电信发展的指标。二是根据研究所需，突出生产要素和技术属性，从要素投入视角构建指标。本书中信息通信技术是狭义的概念，它是一种生产要素和技术手段，是具有技术属性的要素投入，因此，在信息通信技术指标体系的构建时，指标的选择并不包括已经泛化和衍生而成的教育和发展效果等。三是直接性原则。本节选择的指标与信息通信技术具有直接关联，可以直接体现和衡量信息通信技术水平。四是客观性原则。参考国内外相关研究，紧随主流，并紧密结合我国社会经济和信息通信技术发展的现状，回避已经过时的，不适宜的指标，选择客观、合适的信息通信技术指标，同时各指标中的数据都是原始数据，数据来源真实可靠。五是科学性原则。根据信息通信技术的概念界定及相关理论进行指标选择，以准确反映信息通信技术水平。六是可操作性原则。指标的选择不仅从概念和理论上符合要求，而且要考虑到能够量化、数据的获取性和可靠性强，即可以对信息通信技术水平进行定量测算与评价。本章数据来源于国家统计局和中国互联网络信息中心（CNNIC），数据权威可靠。对于数据无法获取的指标，通过选择替代指标或者将该指标剔除。

依据上述六个原则，本节中信息通信技术指标主要包括信息通信技术基础设施与信息通信技术应用两大类。在信息通信技术基础设施方面，选择局用交换机容量和长途光缆线长度两个细分指标，该指标是区域宽带网络和通信基础设施建设及其发展水平的重要体现，反映出区域信息通信技术发展的基础条件。在信息通信技术应用方面，选择了互联网普及率、域名持有量、网站拥有量、移动电话拥有量和电信业务量五个细分指标。其中互联网普及率、域名持有量、网站拥有量指标反映了区域内互联网的连接以及在各领域中的基本利用情况，可以衡量区域互联网发展水平。而互联网发展是信息通信技术的核心，该指标数值越大，表明区域互联网应用越普遍，互联网的发展水平越高。移动电话拥有量、电信业务量是信息通信技术中通信技术发展水平的重要衡量指标，该指标体现出人们对移动通信和电信服务的需求及利用水平。本节选择的各指标与信息通信技术直接相关且具有代表性，指标组合能够较好地衡量信息通信技术水平。鉴于每个地区的人口和土地面积具有差异，因而，为了提高各指标在不同地区之间的可比性，本节将其中的绝对量指标进行处理，即取人均量或单位面积量。信息通信技术指标体系的构建以及各指标的具体处理方式见表3-1。

表 3-1　信息通信技术的指标体系

总指标	一级指标	二级指标	指标计算	数据来源
信息通信技术水平	信息通信技术基础设施	局用交换机容量	每百人局用交换机容量	《中国统计年鉴》
		长途光缆线长度	每平方公里长途光缆线长度	
	信息通信技术应用	互联网普及率	每百人网民数量	《中国互联网络发展状况统计报告》
		域名持有量	每万人CN域名持有量	
		网站拥有量	每万人网站拥有量	
		移动电话拥有量	每百人移动电话拥有量	《中国统计年鉴》
		电信业务量	每人电信业务量	

（二）数据来源

根据指标选择需要以及数据的可得性，信息通信技术水平测算的数据主要来源于第13—39次《中国互联网络发展状况统计报告》和2004—2018年《中国统计年鉴》。《中国互联网络发展状况统计报告》由中国互联网络信息中心（CNNIC）发布，每年发布两次，时间分别在每年的年中和年底。该报告于1997年第一次发布，截至2019年，已经发布了43次，报告中不仅涵盖国家、各地区的互联网普及和应用的宏观数据，而且包括了个人和企业对互联网应用情况的微观调查数据。报告中涉及的内容广泛，主要有互联网的基础资源、企业应用、个人应用、政府应用以及网络安全等。本书使用的第 13—39 次《中国互联网络发展状况统计报告》对应的年份是 2003—2017 年。《中国统计年鉴》中对全国和各省区市的经济、人口、文化、环境、科技等各类数据进行了统计，数据在国家统计局网站或中国经济与社会发展统计数据库中均可查阅，本书使用的数据对应的年份是 2003—2017 年。

（三）测算方法

信息通信技术水平测算的关键在于指标体系中各指标的权重选择，指标权重的差异会对测算结果产生直接影响。在指标权重的选择方面，以往研究中主要有专家打分法和因子分析法等。相比较而言，因子分析法能够克服对指标主观赋权的缺陷，所得到的指标权重更加客观、严谨，测算得到的综合值更具合理性，因子分析法也是多指标综合测算的普遍应用方法。因此，本节利用因子分析法确定各指标的权重，并测算我国各地区信息通信技术水平的综合得分。

因子分析的过程主要包括 KMO 和 Bartlett 检验、一级指标得分测算、总指标得分测算三个方面的内容。本章中的 KMO 和 Bartlett 检验结果显示，KMO 为 0.716，Bartlett 的球形度检验卡方值为 2683.328，显著性水平为 0.000，因此适合做因子分析。在特征值与方差贡献率方面，特征值大于 1 的主成分有两个，分别记为 F_1、F_2，其特征值分别为 4.000 和 1.263。两个维度因子总方差贡献率为 75.191%，各因子的方差贡献率分别为 57.147% 和 18.044%。考虑到各因子对信息通信技术总水平的不同影响，我们分别以两个维度的方差贡献率为权重测算信息通信技术总水平，得出信息通信技术水平的总得分。具体计算公式为：$F = 0.760*F_1 + 0.240*F_2$。由于信息通信技术总得分的测算结果中存在一些负值，因此，为了便于比较分析，本节对其进行标准化处理，并将其转化成 0—100 之间的数值，最终得到 2003—

2017年我国信息通信技术水平，具体测算结果见表3-2[①]。

二、基本结果分析

根据测算结果，本节对2003—2017年我国信息通信技术水平的总体变化趋势，以及区域差异进行分析和比较，总结出以下几点特征。

（一）信息通信技术水平的总体变化趋势

从总体上来看，信息通信技术水平呈上升趋势。虽然一些省份在个别年份略有下降，但是从总体上来看，我国信息通信技术水平在逐渐上升。2003年我国信息通信技术的平均水平仅为6.735，2017年上升至50.071，年均增速为15.407%，其中2007年信息通信技术水平的增速最高，达到46.663%。根据信息通信技术的细分指标显示，2007年我国互联网普及率、CN域名数和网站拥有量均得以大幅上升，因此，在较大程度上拉动了信息通信技术的总体水平。具体的，2006年我国互联网普及率为10.50%，2007年增长至16.00%，增幅高达52.381%，2007年每万人域名持有量和网站拥有量依次为68.587个和11.459个，比2006年分别增长396.335%和77.369%。这一现象产生的原因可能与国家的政策背景相关，随着《中华人民共和国国民经济和社会发展第十一个五年规划纲要》的发布与实施，从2006年底开始，我国很多地区相继出台了国民经济和社会发展信息化"十一五"规划，在政策的实施与引导下，各地区增加对宽带网络等信息通信技术的投入，因而促进了信息通信技术水平的提升。比如2006年10月30日、2006年11月22日、2007年7月15日广东、北京和上海纷纷发布了国民经济和社会发展信息化"十一五"规划，重点强调在"十一五"期间，加大对城乡宽带网络基础设施建设的力度，缩小城乡之间的数字鸿沟，普及信息通信技术在各行业的应用，促进产业结构升级，提高社会经济发展效率。

---

①　鉴于研究的需要和版面限制，本书在对数据进行汇报时，年限间隔为五年，同时，考虑到要重点反映近年来信息通信技术水平及其变化趋势，本节对近五年信息通信技术水平也作出汇报，最终选择汇报了2003、2008、2013、2014、2015、2016和2017年全国以及各地区的信息通信技术水平。本章其他表格内容呈现时间同步处理。

表3-2　2003—2017年我国信息通信技术水平

	2003年	2008年	2013年	2014年	2015年	2016年	2017年	平均值
全国	6.735	22.506	36.670	39.819	43.537	44.598	50.071	27.335
北京	29.810	71.208	73.229	83.212	92.135	95.852	100	64.758
天津	11.668	37.249	41.965	42.251	46.824	48.090	52.955	35.036
河北	3.644	18.779	35.021	36.946	38.963	41.005	45.017	24.315
山西	4.609	21.659	36.745	38.225	41.558	41.666	45.867	25.610
内蒙古	2.220	17.905	34.165	36.647	38.138	38.266	44.657	23.550
辽宁	5.222	22.821	39.362	40.646	43.848	44.021	49.262	27.810
吉林	4.300	18.541	31.187	34.118	36.960	38.485	43.948	23.401
黑龙江	4.266	15.025	28.922	32.618	34.371	34.611	39.248	20.470
上海	31.634	59.091	66.087	72.773	78.975	79.950	86.781	59.174
江苏	8.015	22.070	41.610	46.030	51.559	52.395	59.752	31.468
浙江	11.861	36.800	50.654	55.995	62.488	62.618	67.747	40.794
安徽	3.772	11.900	29.418	31.361	33.593	35.837	41.455	19.874
福建	8.294	31.108	49.315	51.807	56.806	61.449	72.025	36.728
江西	3.143	12.349	24.346	26.566	29.907	31.931	36.777	17.753
山东	4.211	21.124	37.938	40.119	43.009	44.356	48.428	26.572
河南	4.001	16.835	30.215	33.506	35.999	36.807	41.830	21.701
湖北	4.600	17.718	31.339	34.352	38.035	38.868	42.460	23.275
湖南	4.143	16.397	28.722	31.159	33.132	35.747	40.952	20.957
广东	16.492	44.193	59.514	62.937	67.189	65.390	71.538	46.000
广西	4.911	14.723	25.936	28.347	32.275	33.023	38.737	19.853
海南	2.105	19.266	36.177	39.328	42.649	43.144	51.798	25.107
重庆	5.571	16.891	29.650	33.264	38.795	40.620	46.238	22.630
四川	3.258	13.273	29.610	32.349	35.853	36.697	40.857	20.342
贵州	3.698	13.900	28.376	31.632	34.877	36.839	44.505	20.089
云南	3.296	13.398	27.049	30.233	33.088	33.030	38.864	19.066
西藏	1.494	9.153	25.909	28.901	35.467	34.451	34.679	16.842
陕西	4.963	19.825	35.349	38.520	41.675	42.525	48.669	25.774
甘肃	2.135	10.777	26.933	29.656	32.379	33.734	39.793	18.018
青海	2.970	17.005	33.735	37.759	40.022	39.620	46.567	23.010
宁夏	5.549	19.138	35.817	39.468	42.347	44.356	51.986	26.021
新疆	2.938	17.555	32.477	33.668	36.718	37.144	38.784	21.371

(二)东中西三大区域信息通信技术水平比较

2003—2017年全国和三大区域信息通信技术水平,具体测算结果见表3-3。

从绝对量上来看,东部地区信息通信技术水平普遍高于中西部地区。2003—2017年,我国东部、中部和西部信息通信技术水平总体呈逐年上升的趋势,并且东部地区信息通信技术的平均水平最高,为36.468,高于全国平均水平,中部地区次之,为21.844,西部地区最低,为21.316,中西部地区信息通信技术水平均低于全国平均水平。2017年信息通信技术水平排名前五位的地区分别为北京、上海、福建、广东和浙江,均为东部地区,排在后五位的地区分别为西藏、广西、新疆、云南和江西,多数为西部地区。2017年全国共有9个地区的信息通信技术水平高于全国平均水平,其中东部有8个,分别为北京、天津、上海、江苏、浙江、福建、广东和海南,西部仅有宁夏1个地区。东部地区经济发达,地理条件优越,这为信息通信基础设施的建设提供了便利条件。同时,东部地区的研发(R&D)经费和人力资本水平也较高,据统计,2017年东部地区研发(R&D)经费为11884.80亿元,占全国比重高达67.504%,高水平的研发经费为区域技术创新提供了资金支持,促进了对5G、大数据、云计算等先进信息通信技术的发明和引进,并且较高的人力资本水平有利于对信息通信技术的吸收和应用,信息通信技术在东部具有更好的发展基础和环境,因此,东部地区的信息通信技术水平普遍较高。而中西部地区经济发展水平相对落后,研发(R&D)经费与人力资本水平也远低于东部地区,不利于对先进技术的引进、吸收与应用,并且一些地区地理位置偏僻,交通不便,进一步制约了地区信息通信基础设施建设,因此,中西部地区的信息通信技术水平均比较低。

表3-3　2003—2017年全国和三大区域信息通信技术水平

	2003年	2008年	2013年	2014年	2015年	2016年	2017年	平均值
全国	6.735	22.506	36.670	39.819	43.537	44.598	50.071	27.335
东部	11.489	33.203	46.401	50.033	54.727	55.941	62.003	36.468
中部	3.895	16.481	30.562	33.172	35.744	36.913	41.910	21.844
西部	3.587	15.092	30.490	33.545	37.122	37.901	43.094	21.316

（三）信息通信技术水平的增速比较

从增速来看（具体见图3-1和图3-2），信息通信技术水平高的地区增速普遍较慢，而信息通信技术水平低的地区增速较快。2003—2017年，我国信息通信技术水平的平均增速超过20%的地区有6个，分别为内蒙古、海南、西藏、甘肃、青海和新疆，主要为西部地区。从东部、中部、西部三大区域来看，西部地区信息通信技术水平的平均增速最高，为20.029%，中部次之，为18.680%，东部地区平均增速最低，为15.175%，这与三大区域信息通信技术水平的大小关系是相反的。具体来看，东部地区中，海南信息通信技术水平的平均增速最高，高达25.708%，上海平均增速最低，低于10%，为7.474%，北京平均增速也低于10%，为9.030%，均低于全国平均水平。中部地区中，江西信息通信技术的平均增速最高，为19.208%，湖北平均增速最低，为17.205%，并且低于全国平均水平。西部地区中，西藏信息通信技术的平均增速最高，为25.186%，内蒙古和甘肃平均增速也比较高，分别为23.909%和23.238%，重庆平均增速最低，为16.318%，低于全国平均水平。

由此可见，虽然中西部地区经济基础和地理条件较东部地区差，信息通信技术水平低于东部地区，然而在西部大开发、中部崛起和"一带一路"等国家战略的支持下，中西部地区经济发展面临良好的政策机遇，区域基础设施不断完善。2003年以来，中西部地区公路（特别是农村公路）、铁路等交通基础设施得到了很大程度的改观，农村等级公路比例、铺装路面里程、铺装率以及铁路营业里程数均大幅提升，经济快速增长，这为中西部地区移动通信、互联网等信息通信技术发展提供了良好的基础设施条件，有助于中西部地区发挥后发优势，实现跨越式发展，缩小与东部地区信息通信技术水平的差距。

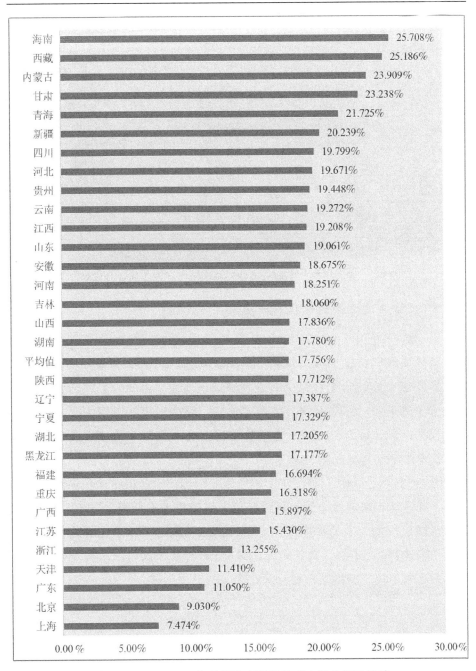

图3-1　2003—2017年我国信息通信技术水平的平均增速

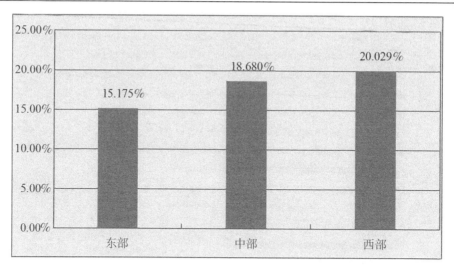

图3-2　我国东部、中部和西部信息通信技术水平的平均增速

（四）胡焕庸线两侧信息通信技术水平及比较

鉴于数据的可得性，借鉴已有研究，以省份为单位对胡焕庸线进行划分，胡焕庸线以西主要有内蒙古、甘肃、青海、宁夏、新疆和西藏6个地区，另外25个省区市全部划为胡焕庸线以东地区。由此可见，胡焕庸线以东是全部的东部地区加上部分中西部地区，而胡焕庸线以西主要是西部地区。根据这一区域划分方式，本节计算出2003—2017年胡焕庸线两侧信息通信技术水平（具体见图3-3）。

图3-3显示，2003—2017年，胡焕庸线两侧信息通信技术水平均在逐年上升，并且历年来胡焕庸线东部地区信息通信技术水平明显高于西部地区。在信息通信技术水平的平均增速方面，2003—2017年，胡焕庸线西部地区年平均增速为21.239%，高于东部地区的14.635%，这与以东部、中部、西部三大区域比较时所得结论相似。

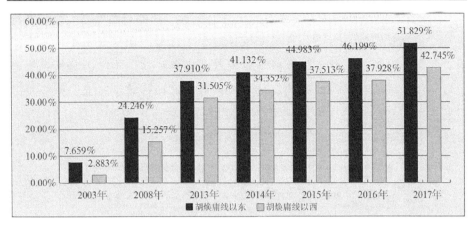

图3-3　胡焕庸线两侧信息通信技术水平及变化趋势

由以上的描述性分析可见，从总体上来看，2003—2017年，我国及各地区信息通信技术水平呈现上升趋势，并且各区域之间信息通信技术水平存在差异，那么这种差异又具有怎样的变化趋势？本章进一步对我国省际之间、三大区域之间及各区域内部、胡焕庸线两侧之间及两侧内部信息通信技术水平的差异，即区域数字鸿沟予以分析，通过采取多种区域划分方式进行比较，以尽可能全面描述区域之间数字鸿沟的变化情况。

三、区域数字鸿沟

（一）东部与中部、西部之间的比较

1.测算方法

相对比率法（Relative Rate）。相对比率法是把两个不同时期的指标值相除，或将同时期两个不同研究目标的指标值相除，是测算两个数值相对差距普遍应用的指标。在相关研究方面，美国商务部《数字经济2002》年度报告和《中国数字鸿沟报告2007》均利用了相对比率法对区域数字鸿沟进行测算与分析。

2.测算结果分析

从总体上来看，2003—2017年，我国东部与中部，以及东部与西部之间的数字鸿沟均呈现递减趋势，2003年东部与中部，以及东部与西部之间的数字鸿沟分别为2.950、3.203，2017年相应数值依次降为1.479和1.439

（具体见表3-4）。而且从数字鸿沟的平均值来看，东部与西部之间数字鸿沟的平均值高于东部与中部。这也能够体现出东部地区信息通信技术水平的绝对值高于中西部，然而增速低于中西部的现象，这与上文的分析结果是相对应的，表明在国家政策的支持下，西部地区抓住政策机遇，积极发挥后发优势，移动通信、互联网等信息通信技术的发展取得了良好的成效，因此，中西部与东部之间信息通信技术的差距在不断缩小。

表3-4　2003—2017年东部与中部、西部区域之间数字鸿沟

	2003年	2008年	2013年	2014年	2015年	2016年	2017年	平均值
东部与中部	2.950	2.015	1.518	1.508	1.531	1.515	1.479	1.891
东部与西部	3.203	2.200	1.522	1.492	1.474	1.476	1.439	2.077

（二）省际之间、东中西三大区域之间及其内部比较

1.测算方法

对于三个及以上样本之间差异的测算，通常采用的方法是变异系数法（Coefficient of Variation），变异系数也叫离散系数，或变差系数，表示某一变量相对于平均值的离散程度。诸多研究利用该指标测算区域之间的数字鸿沟。其中变异系数值越大，表示变量越离散，当用其测算数字鸿沟时，表明各地区之间的数字鸿沟越大。

2.测算结果分析

一是省际之间、东中西三大区域之间数字鸿沟的变化趋势。表3-5显示了2003—2017年省际之间，以及东中西三大区域之间的变异系数。由表可见，2003—2017年，我国省际之间的变异系数在逐渐降低，表明省际之间的数字鸿沟在不断缩小。然而现阶段，信息通信技术水平的区域差异仍然较大，2017年北京信息通信技术水平最高，为100，是西藏的2.886倍。同时，我国东中西三大区域之间的数字鸿沟也在趋于缩小，2003年东中西三大区域之间数字鸿沟为0.578，2017年这一数值降为0.188，年均降幅为7.214%。这也进一步验证了上一部分内容中，东部与中西部地区数字鸿沟趋于缩小的结论，表明信息通信技术水平较低的地区增速快，增长的潜力和空间更大，通过发挥后发优势，不断向信息通信技术水平高的地区快速追赶，因此，省际之间以及东中西三大区域之间的数字鸿沟趋于缩小。

表3-5　2003—2017年省际之间、东中西三大区域之间变异系数

	2003年	2008年	2013年	2014年	2015年	2016年	2017年	平均值
省际	1.046	0.609	0.317	0.322	0.322	0.320	0.295	0.533
区域	0.578	0.381	0.209	0.202	0.203	0.201	0.188	0.331

二是东中西三大区域内部省际之间数字鸿沟的变化趋势。表3-6进一步显示了我国东中西三大区域内部省际之间的变异系数。从总体上来看，与全国省际之间信息通信技术的变化趋势相同，2003—2017年，我国东中西三大区域内部省际之间的数字鸿沟也均呈现缩小趋势，并且东部地区省际数字鸿沟的平均值最大，为0.445，西部地区次之，为0.216，中部地区最小，为0.131。

表3-6　2003—2017年东部、中部、西部三大区域内部变异系数

	2003年	2008年	2013年	2014年	2015年	2016年	2017年	平均值
东部	0.824	0.506	0.287	0.308	0.309	0.309	0.281	0.445
中部	0.187	0.175	0.108	0.096	0.090	0.072	0.063	0.131
西部	0.366	0.223	0.113	0.108	0.088	0.095	0.118	0.216

（三）胡焕庸线两侧之间及两侧内部比较

表3-7汇报了胡焕庸线两侧之间，以及两侧各自内部省际之间数字鸿沟的变化情况。从总体的变化趋势来看，2003—2017年胡焕庸线两侧之间的数字鸿沟在缩小，2003年胡焕庸线两侧相对差距为2.656，2017年降为1.213。从胡焕庸线两侧各自内部来看，胡焕庸线东部和西部地区省际之间的数字鸿沟也均呈现缩小的趋势，具体的，2003年胡焕庸线东部和西部地区省际之间数字鸿沟分别为0.983、0.449，2017年依次降至0.303、0.133。并且胡焕庸线东部省际之间的数字鸿沟大于胡焕庸线西部地区。

表3-7　2003—2017年胡焕庸线两侧内部与两侧之间数字鸿沟

	2003年	2008年	2013年	2014年	2015年	2016年	2017年
胡焕庸线以东	0.983	0.603	0.330	0.336	0.338	0.333	0.303
胡焕庸线以西	0.449	0.251	0.119	0.116	0.085	0.093	0.133
胡焕庸线两侧之间	2.656	1.589	1.203	1.197	1.199	1.218	1.213

四、简要结论

本章主要基于数字经济背景，构建了信息通信技术的指标体系，并在此基础上，描述了2003—2017年我国信息通信技术水平的变化趋势，并从多方面对信息通信技术水平的区域差异进行比较分析。根据描述性分析，总结出以下三个方面的结论。

（一）信息通信技术水平的变化趋势

从总体上看，我国以及各省区市信息通信技术水平呈现上升趋势。2003年以来，我国信息通信技术快速发展，在当前数字经济背景下，随着国家对互联网、大数据和云计算等新一代信息通信技术重视程度的加深，相应的政策支持力度在不断加大，信息通信技术水平将会得以进一步提升。

（二）信息通信技术水平的区域差异

从东中西三大区域比较来看，我国东部地区信息通信技术水平明显高于中西部地区，中西部地区之间的信息通信技术水平差距较小。同时，中西部地区信息通信技术水平的增速快于东部，因此，中西部与东部之间信息通信技术水平的差距趋于缩小。从胡焕庸线两侧的比较来看，胡焕庸线东部地区信息通信技术水平高于西部，但是胡焕庸线西部地区的增速更快，两侧信息通信技术水平的差距也在缩小。

（三）区域数字鸿沟的变化

从总体上来看，我国各省区市之间、东中西三大区域之间、三大区域内部的各省区市之间、胡焕庸线两侧之间，以及两侧内部各省区市之间的数字鸿沟均呈现缩小的趋势。这充分说明，在国家和地区政策支持下，信息通信技术相对落后地区通过积极融入信息通信技术的发展浪潮，发挥后发优势，快速推进区域移动通信、互联网等信息通信技术的发展，缩小与发达地区之间的数字鸿沟，促进了区域信息通信技术的均衡发展。

第二节 绿色经济效率的测算及区域差异分析

一、指标、数据和测算方法

(一)指标的选择与描述性统计

绿色经济效率是在经济效率基础上，考虑了环境污染非期望产出，其测算指标主要包括投入和产出两大类，具体指标的选择如下：

1.投入指标的种类及选择

投入包括劳动力、资本和能源投入三种。在劳动力投入方面，有学者认为劳动力投入时间可更好地衡量劳动力的投入水平，然而这一指标的宏观数据无法获取。因此，借鉴已有研究，本节选择各省区市年末就业人数以表示劳动力投入。

在资本投入方面，使用资本存量表示资本投入水平。由于无法直接获取各地区的资本存量数据，而各地区统计年鉴中提供了固定资产投资数据，基于此，可以对固定资产投资与资本存量进行换算。本节以 2003 年为基期，采用永续盘存法计算了各地区资本存量，具体计算公式为：$K_t = (1 - \delta_t)K_{t-1} + I_t/P_t$，其中，$K_t$ 和 K_{t-1} 分别表示 t 期和 $t-1$ 期的资本存量，δ_t、I_t 和 P_t 依次表示 t 期的资本折旧率、投资量和价格指数。参照余泳泽、刘凤娟、张少辉等（2017）研究，利用当期的固定资产投资表示投资量，对于折旧率的选择，借鉴张军、吴桂英、张吉鹏（2004）的研究，将折旧率设定为 9.96%，同时，使用各地区的居民消费价格指数表示价格指数。此外，在基期资本存量的计算方面，本节参照 Reinsdorf et al.（2005）的研究，将基期资本存量的公式设定为 $K_0 = I_0(1 + g)/(g + \delta)$，其中 K_0、I_0、g 和 δ 分别表示基期资本存量、基期资本投资量、资本投资的几何平均增长率以及折旧率。

在能源投入方面，本节利用各省区市的能源消费总量表示能源投入，单位为万吨标准煤。

2.产出指标的种类及选择

产出主要包括期望产出和非期望产出。期望产出也称为"好"产出，本节利用各地区的GDP表示，并将名义GDP折算成以2003年为基期的实际GDP，即消除价格变动带来的影响，这也是已有研究的通常做法。非期望产出也称为"坏"产出，主要是指污染物的排放。从已有研究来看，由于污染物的种类较多，因此，学者关于非期望产出指标的选择并未达成共识，主要包括工业三废、二氧化碳排放、二氧化碳与工业三废、二氧化硫排放、二氧化硫和化学需氧量，此外，也有研究将二氧化碳、二氧化硫、烟尘、粉尘和固体废弃物等多种污染物构造成一个综合指数，并将其作为非期望产出。

2016年11月24日，国务院发布了《"十三五"生态环境保护规划》，该文件对主要污染物即化学需氧量、二氧化硫和氨氮排放量作出了明确的约束与要求。因此，本节根据这一政策文件，选择了化学需氧量、二氧化硫以及氨氮三种污染物排放指标，利用熵权法计算出三种污染物的综合值，并将该值作为最终的非期望产出。

绿色经济效率测算各指标的描述性统计见表3-8。

表3-8　绿色经济效率测算指标的描述性统计

指标	最小值	最大值	均值	标准差	样本数
劳动力/万人	289.80	6767	2570	1702	450
资本存量/亿元	999.80	208504	33770	33951	450
能源消费/万吨标准煤	684	38899	12195	7992	450
GDP/亿元	385.30	89705	15302	14967	450
化学需氧量/万吨	3.20	198.20	54.59	39.17	450
二氧化硫/万吨	1.43	200.30	68.72	44.07	450
氨氮/万吨	0.40	23.09	5.69	4.09	450
三种污染物综合值	3.03	128.77	41.12	24.17	450

（二）数据来源

数据主要来源于2004—2018年《中国统计年鉴》《中国环境统计年鉴》《中国能源统计年鉴》《中国人口和就业统计年鉴》《中国区域经济统计年鉴》以及各省区市的统计年鉴。由于西藏自治区有很多指标数据存在缺失，考虑到指标的完整性，本节将该地区的样本删除，最终测算了2003—2017

年我国30个省区市的绿色经济效率水平。

（三）测算方法

根据研究的需要，参照已有研究（Ke，2017；Lucio et al.，2018；张泽义，罗雪华，2019），本节利用非径向、非角度包括非期望产出的SBM模型，使用MaxDEA软件对我国绿色经济效率水平进行测算，关于SBM模型的论述以及公式表示见本书附录部分，绿色经济效率的具体测算结果见表3-9。

二、基本结果分析

表3-9、表3-10分别显示了2003—2017年我国以及东部、中部和西部三大区域绿色经济效率的测算结果，由该表可总结出我国绿色经济效率水平及其变化具有以下特征：

从全国层面来看，2003—2017年，尽管我国绿色经济效率在个别年份出现了下降的情况，但从总体上看，绿色经济效率呈上升趋势。2003年我国绿色经济效率为0.412，2017年增加到0.501，年平均增长率为1.407%。特别是2015年以来，我国绿色经济效率在逐年上升。其主要原因是，十八大以来，国家出台了一系列关于生态文明建设的政策文件，对资源利用上限和环境质量底线提出了更高的要求，各种污染物的排放标准得到提高。十八大提出了"美丽中国"建设，强调将生态文明建设置于突出地位，十八届五中全会把"绿色发展"作为五大发展理念之一，并且指出了实现绿色发展的重要手段，十九大进一步将生态文明建设提升为千年大计。在这样的政策背景下，我国生态环境质量不断得以改善，生态文明建设已经取得了良好成效和进展，发展势头较好，因此，近年来我国绿色经济效率处于上升趋势。

从东中西三大区域来看，东部地区绿色经济效率明显高于中西部地区，同时也高于全国平均水平，中西部地区绿色经济效率较为接近，且均低于全国平均水平①。2017年绿色经济效率高于全国平均水平的地区共有10个，

---

① 由于西藏地区有很多数据缺失，因此西部地区中没有加入西藏，这可能会对西部地区整体绿色经济效率的测算带来一定的偏误。

分别是北京、天津、上海、江苏、浙江、山东、广东、海南、青海和宁夏，其中东部地区8个，西部地区2个。与中西部地区相比，东部地区的技术创新能力普遍较强，产业结构层次也更高，在较大程度上促进了区域的经济增长与节能减排，因而，有利于区域绿色经济效率水平的提升。

与此同时，近年来，国家对节能减排的要求在逐渐提高。2016年11月和12月，国务院分别发布了《"十三五"生态环境保护规划》和《"十三五"节能减排综合工作方案》，明确规定了生态环境质量与污染排放的具体约束标准。基于此政策背景，东部地区利用先进技术优势，促进产业转型升级，大力推动高技术产业和高端服务业的发展，目前，这些产业在东部地区已经具有较高的集聚水平，是东部地区绿色经济效率处于较高水平的重要因素。此外，东部地区在进行产业升级换代之时，将一些低附加值、高污染和高能耗产业向中西部地区转移，导致东部地区整体的绿色经济效率水平更高，并且处于不断上升的趋势。中西部地区技术创新能力和产业结构层次相对较低，区域绿色经济效率处于较低水平。并且中部地区正处于工业化快速发展的阶段，在承接东部地区制造业转移之时，虽然推动了经济增长，但是给区域资源和环境带来了较大的压力，因而，中部地区绿色经济效率水平较低。西部地区虽然生态环境较好，资源环境承载空间更大，但是由于区位条件、技术水平和经济基础较差，产业附加值、产业结构层次及其发展效率低下，进而在较大程度上制约了区域绿色经济效率水平的提升，因此，西部地区绿色经济效率水平也比较低。

表3-9 2003—2017年我国绿色经济效率

	2003年	2008年	2013年	2014年	2015年	2016年	2017年	平均值
全国	0.412	0.401	0.419	0.416	0.403	0.450	0.501	0.429
北京	0.351	0.515	0.647	0.681	0.709	0.897	1.000	0.686
天津	0.490	0.527	0.526	0.525	0.517	0.593	1.000	0.597
河北	0.295	0.289	0.258	0.252	0.240	0.259	0.273	0.267
山西	0.233	0.295	0.274	0.253	0.236	0.229	0.265	0.255
内蒙古	0.281	0.321	0.336	0.318	0.308	0.308	0.279	0.308
辽宁	0.261	0.282	0.333	0.325	0.323	0.273	0.295	0.299
吉林	0.353	0.337	0.347	0.345	0.337	0.360	0.358	0.348

续　表

	2003年	2008年	2013年	2014年	2015年	2016年	2017年	平均值
黑龙江	0.650	0.368	0.315	0.309	0.298	0.298	0.301	0.363
上海	0.360	0.463	0.602	0.621	0.653	0.815	1.000	0.645
江苏	0.302	0.359	0.575	0.625	0.671	0.831	1.000	0.623
浙江	0.263	0.333	0.460	0.482	0.503	0.611	0.734	0.483
安徽	0.359	0.283	0.273	0.271	0.262	0.273	0.284	0.286
福建	1.000	0.400	0.379	0.369	0.362	0.390	0.451	0.478
江西	0.325	0.307	0.321	0.317	0.309	0.318	0.323	0.317
山东	0.260	0.311	0.413	0.431	0.436	0.516	0.603	0.424
河南	0.414	0.316	0.295	0.300	0.299	0.349	0.407	0.340
湖北	0.380	0.319	0.328	0.325	0.332	0.375	0.412	0.353
湖南	0.379	0.328	0.342	0.338	0.336	0.367	0.395	0.355
广东	0.319	1.000	1.000	0.939	0.735	0.883	1.000	0.839
广西	0.454	0.344	0.306	0.299	0.292	0.298	0.282	0.325
海南	1.000	0.781	0.586	0.565	0.543	0.677	0.670	0.689
重庆	0.316	0.285	0.343	0.347	0.349	0.370	0.381	0.341
四川	0.260	0.276	0.288	0.286	0.288	0.314	0.358	0.296
贵州	0.242	0.265	0.280	0.277	0.274	0.272	0.279	0.270
云南	0.323	0.293	0.278	0.271	0.264	0.260	0.265	0.279
陕西	0.293	0.314	0.331	0.328	0.309	0.322	0.339	0.319
甘肃	0.286	0.315	0.277	0.265	0.244	0.250	0.253	0.270
青海	1.000	0.825	1.000	1.000	0.907	1.000	1.000	0.962
宁夏	0.547	0.627	0.540	0.521	0.500	0.539	0.549	0.546
新疆	0.352	0.351	0.308	0.296	0.267	0.258	0.264	0.299

表 3-10　2003—2017 年全国与东中西三大区域的绿色经济效率

	2003年	2008年	2013年	2014年	2015年	2016年	2017年	平均值
全国	0.412	0.401	0.419	0.416	0.403	0.450	0.501	0.429
东部	0.446	0.467	0.507	0.509	0.499	0.587	0.692	0.482
中部	0.375	0.319	0.315	0.308	0.302	0.320	0.336	0.324
西部	0.402	0.394	0.405	0.399	0.378	0.398	0.410	0.392

三、绿色经济效率的区域差异

(一)东中西三大区域绿色经济效率的差异

1.东中西三大区域之间绿色经济效率总体差距及变化趋势

东中西三大区域之间的变异系数见表3-11。由表可见，我国三大区域之间绿色经济效率的差距总体上呈现上升的趋势。2003年三大区域之间绿色经济效率的差距为0.072，2017年增加至0.320，年均增幅高达11.243%。表明绿色经济效率较高的区域能够不断扩大自身优势，保持高水平的增速，而绿色经济效率较低区域的增速相对缓慢，三大区域之间绿色经济效率的发展呈现出极化效应，进而导致绿色经济效率的区域差距逐渐扩大。

2.东部与中西部地区绿色经济效率差距及变化趋势

本节进一步测算东部与中西部地区绿色经济效率的差距，并分析其变化趋势。东部与中西部地区绿色经济效率的相对比例见表3-11。总体来看，2003—2017年，我国东部与中西部地区绿色经济效率之间的差距呈现扩大的趋势，2003年东部与中部、东部与西部地区绿色经济效率的相对比例分别为1.190和1.110，而2017年这一比例高达2.060和1.690，年均增幅分别为3.998%和3.048%。

关于这一现象的现实解释是，东部地区技术创新水平、人力资本以及经济基础等条件明显优于中西部地区，产业结构层次也更高，以发展高附加值的高技术产业和服务业为主要方向，这些优势条件的叠加效应极大地促进了东部地区绿色经济效率水平的提升，并且导致区域绿色经济效率的增速也更快。同时，近年来，中西部地区在国家政策支持以及承接东部地区产业转移的过程中，虽然经济发展水平不断提高，经济增速快于东部地区，与东部地区人均GDP的相对差距趋于缩小，然而在此过程中，对资源的消耗在持续增加，也加剧了环境污染，特别是一些高污染、高能耗的重工业的发展，给中西部地区资源和环境带来了严重的压力，这可能是中西部地区绿色经济效率及其增速均处于较低水平的重要原因。因此，东部与中西部地区之间绿色经济效率的差距在逐渐扩大。

表3-11　2003—2017年我国东中西三大区域绿色经济效率的差距

	2003年	2008年	2013年	2014年	2015年	2016年	2017年	平均值
三大区域之间	0.072	0.153	0.192	0.203	0.206	0.258	0.320	0.201
东部与中部	1.190	1.462	1.612	1.652	1.651	1.836	2.060	1.638
东部与西部	1.110	1.184	1.252	1.277	1.319	1.473	1.690	1.329

（二）省际之间绿色经济效率的差距

从全国和东中西三大区域两个层面，分析省际之间绿色经济效率的差距及其变化趋势。从全国层面来看，2003—2017年，我国省际之间绿色经济效率的变异系数呈现先下降后上升的特征，并且2015年以来，这一数值在逐渐上升，目前呈现扩大的趋势（见表3-12）。2003年省际之间绿色经济效率的差距为0.524，2008年这一数值降为0.444，2017年又增至0.552。从东中西三大区域内部层面来看，东中西各区域内部省际之间绿色经济效率的差距也呈现先下降后上升的特征，且近年来呈现逐渐上升的趋势。同时，从三大区域的比较来看，西部地区省际之间绿色经济效率差距的平均值最大，高于全国平均水平，东部地区次之，中部地区最小。

表3-12　2003—2017年我国各省际之间绿色经济效率的差距

	2003年	2008年	2013年	2014年	2015年	2016年	2017年	平均值
全国	0.524	0.444	0.456	0.458	0.429	0.502	0.552	0.447
东部	0.576	0.449	0.379	0.365	0.327	0.393	0.426	0.398
中部	0.294	0.073	0.084	0.092	0.107	0.143	0.163	0.129
西部	0.566	0.468	0.554	0.564	0.532	0.575	0.552	0.525

四、简要结论

本节对我国及各地区绿色经济效率水平进行测算，描述了2003—2017年，我国各地区以及东中西三大区域绿色经济效率的变化趋势，并进行区域比较与分析，总结出以下三个方面的结论。

（一）绿色经济效率的总体变化趋势

2003—2017年，我国绿色经济效率呈现波动上升的趋势，并且在2015年以后，绿色经济效率在逐年上升。这表明十八大以来，国家对生态文明建设高度重视，我国生态文明建设已经取得了良好的成效。

（二）东中西三大区域绿色经济效率差距的变化

东部地区绿色经济效率明显高于中西部地区，并且东部与中西部之间绿色经济效率的差距在逐渐扩大。东部地区技术创新水平、人力资本、产业结构层次和经济基础等条件优于中西部地区，这些条件是东部地区绿色经济效率及其增速均处于较高水平的重要原因，在较大程度上促进了东部地区绿色经济效率的提升。而中西部地区在国家政策支持以及承接东部地区产业转移的过程中，虽然经济快速增长，然而对资源的消耗以及产生的环境污染也在不断增加，导致中西部地区绿色经济效率及其增速均位于较低的水平，因此，东部与中西部地区之间绿色经济效率的差距在扩大。

（三）省际之间绿色经济效率差距的变化

从全国层面和东中西三大区域内部层面来看，我国省际之间绿色经济效率的差距均先缩小后扩大，并且近年来呈现逐渐扩大的趋势。这表明从绿色经济效率的视角来看，近年来，我国各地区之间的差距在不断扩大，区域绿色经济效率的发展呈现出极化效应。

本章小结

本章利用第13—39次《中国互联网络发展状况统计报告》和2004—2018年《中国统计年鉴》《中国环境统计年鉴》《中国能源统计年鉴》《中国人口和就业统计年鉴》《中国区域经济统计年鉴》以及各省区市的统计年鉴，采用因子分析法、包括非期望产出的SBM模型，基于数字经济背景，分别对2003—2017年我国信息通信技术、绿色经济效率水平进行测算，描述了信息通信技术和绿色经济效率水平及其区域差异的变化趋势，并对其产生的原因进行了分析。

　　信息通信技术与绿色经济效率的测算结果显示，从绝对量来看，总体而言，我国信息通信技术水平呈现上升的趋势，绿色经济效率水平波动上升，并且近年来处于不断上升的状态。从东部、中部和西部的区域差异来看，东部地区信息通信技术和绿色经济效率水平均明显高于中西部，且东部与中西部地区之间信息通信技术水平的差距，即区域数字鸿沟趋于缩小，而区域之间绿色经济效率的差距却呈现扩大的趋势，省际之间数字鸿沟和绿色经济效率差距的变化特征与三大区域层面类似。

　　本章的结论具有一定的启示意义，现阶段中西部地区需要进一步加强信息通信基础设施建设，大力发展新一代信息通信技术，不断提升区域信息通信技术水平，缩小与东部地区之间的数字鸿沟。与此同时，中西部地区要有选择性地承接东部地区的产业转移，通过完善基础设施，营造良好的营商环境，以及提供税收优惠政策等方式，增加对高技术产业的承接，减少产业发展对区域资源和生态环境带来的消耗与破坏。同时，中西部地区应加强对先进技术的引进、研发与吸收，促进技术创新和产业结构升级，以进一步提高区域绿色经济效率水平。本章结合了国家的宏观政策背景，东中西三大区域的地理条件、技术创新水平和产业结构等现实因素，对我国信息通信技术、绿色经济效率水平及其区域差异的变化特征展开了深入的分析。

第四章 信息通信技术对绿色经济效率影响的
实证分析

基于数字经济背景，信息通信技术对绿色经济效率具有怎样的影响？本章主要对该问题进行实证分析，同时考虑到我国东部、中部和西部地区信息通信技术人才规模、经济发展水平等条件的不同，在此基础上，又进一步讨论了信息通信技术对东部、中部和西部绿色经济效率影响的差异。

第一节 研究设计

一、数据来源与模型设定

（一）数据来源

本章的数据主要来源于2004—2018年《中国统计年鉴》《中国环境统计年鉴》《中国劳动统计年鉴》《中国人口和就业统计年鉴》《中国区域经济统计年鉴》以及各省区市的统计年鉴。由于在测算绿色经济效率时，西藏自治区有很多指标缺失，无法测算该地区的绿色经济效率值，因此，我们将该地区的样本删除，最终选择2003—2017年我国30个省区市的面板数据，共包括450个样本。

（二）模型设定

由于被解释变量——绿色经济效率的取值在0—1之间，是受限被解释变量，若采用普通的OLS进行回归，会给回归结果带来偏误，因此，需采用面板Tobit模型进行回归分析。面板Tobit模型的应用较为广泛，本章中模型的具体形式设定如下：

$$y_{it}^* = X_{it}\beta + Z_{it}\beta_1 + u_i + \varepsilon_{it},$$

$$y_{it}=\max\left(0,\ y_{it}\right)$$

其中，y_{it}^* 为被解释变量矩阵，y_{it} 表示可观测到的被解释变量矩阵，X_{it} 为解释变量矩阵，Z_{it} 表示控制变量矩阵，β 和 β_1 依次为与之相对应的回归系数矩阵，i 和 t 分别表示省份和时间，ε_{it} 为随机扰动项，且 $\varepsilon_{it}\sim N\left(0,\ \sigma^2\right)$，$u_i$ 表示个体效应，$u_i=\bar{X}_i\gamma+\omega_i$，$\bar{X}_i=\dfrac{1}{T}\sum\limits_{s=1}^{T}X_{is}$。本章中的被解释变量是指绿色经济效率，解释变量为信息通信技术。此外，模型中还包括城镇化、外商直接投资、人力资本、环境规制和财政支出五个控制变量。

一般地，对于标准的面板 Tobit 模型，参数的 MLE 为：

$$\widehat{\theta_t}=\arg\max_{\theta}\sum_{i=1}^{n}\left\{\left[1-I_{(0,\ \infty)}y_{it}\right]\ln L_{it}^1+I_{(0,\ \infty)}y_{it}\ln L_{it}^2\right\}$$

其中，$\theta_t=\left(\beta_t,\gamma_t,\sigma_t\right)$，$L_{it}^1=\Phi\left(\dfrac{-\left(X_{it}\beta+\bar{X}_i\gamma\right)}{\sigma_t}\right)$，$L_{it}^2=\dfrac{1}{\sigma_t}\varphi\left(\dfrac{-\left(X_{it}\beta+\bar{X}_i\gamma\right)}{\sigma_t}\right)$，

$I_{(0,\ \infty)}=\begin{cases}1 & y_{it}\geqslant 0,\\ 0 & y_{it}<0,\end{cases}$ Φ 和 φ 依次表示概率分布函数、概率密度函数。

二、变量的选取与描述性统计

（一）变量的选取

1.被解释变量：绿色经济效率

通过建立非径向、非角度包括非期望产出的 SBM 模型，并运用 MaxDEA 软件予以测算。具体测算结果见第三章第二节内容。

2.解释变量：信息通信技术

通过构建包括信息通信技术基础设施、信息通信技术应用两个维度的指标体系，利用因子分析法进行测算。

3.控制变量

为了减少模型设定偏误，提高回归结果的准确性，借鉴已有研究（李子豪、毛军，2018；林伯强、谭睿鹏，2019；汪莉、邵雨卉、陈登科，2019），本章选取了以下五个控制变量。一是城镇化。城镇化一方面有利于促进产业结构升级和经济增长，提高经济增长效率，另一方面也增加了对

资源的消耗以及环境污染，因此，城镇化对绿色经济效率可能会产生正向或负向两个方面的影响，即总影响具有不确定性。本章利用城镇人口占总人口比重表示城镇化水平。二是外商直接投资。外商直接投资水平体现了地区的对外开放程度，外商直接投资的增加，可以通过知识和技术的溢出效应提高区域的技术创新水平，进而可能对绿色经济效率产生正向影响。本章使用各省区市外商直接投资额表示，同时将其单位转换成元。三是人力资本。区域人力资本水平的提升，有助于对外来先进技术的充分吸收与应用，以及对新技术的研发，促进区域技术创新，提高经济增长和资源的利用效率，减少能源消耗，因此，可能对绿色经济效率产生促进作用。参照已有研究，本章利用各省区市平均受教育年限表示人力资本水平。四是环境规制。环境规制对绿色经济效率的影响可能存在两个方面的效应，一是环境规制增加了企业的生产成本，加重了企业的负担，挤占了技术创新的投入资本，可能会阻碍技术创新，因而，不利于绿色经济效率的提高；二是环境规制可以倒逼企业使用更加先进的技术手段，促进技术创新与产业结构转型升级，进而对绿色经济效率产生正向影响。本章借鉴李玲、陶锋（2012），雷明、虞晓雯（2013）和尹秀、刘传明（2018）的研究，采用各省区市的环境治理投资总额表示环境规制水平。五是财政支出。一些研究表明，财政支出的增加显著促进了经济增长，降低了环境污染水平，改善了生态环境质量。因此，地区财政支出的增加一定程度上会促进绿色经济效率的提升。本章也控制这一变量，并使用人均财政支出额表示地区的财政支出水平。

(二)描述性统计

各变量的描述性统计见表4-1。根据该表对本章被解释变量、解释变量和控制变量的主要特征做以简要的描述分析。由表4-1可见，绿色经济效率与信息通信技术最大值分别为1和100，而二者的平均水平仅分别为0.408和27.680，表明我国信息通信技术与绿色经济效率处于较低水平，同时区域差异较大，现阶段，我国信息通信技术与绿色经济效率水平仍需要进一步提升。在控制变量方面，城镇化的平均水平为51.730%，外商直接投资平均值为316.008亿元，人力资本变量显示各地区平均受教育年限为9.295年，而环境规制和财政支出的平均值分别为145.824亿元和1.213亿元。

表4-1 信息通信技术与绿色经济效率：变量的描述性统计

变量	最小值	最大值	平均值	标准差	样本数
绿色经济效率	0.229	1	0.408	0.190	450
信息通信技术	2.100	100	27.680	18.210	450
城镇化/%	24.770	89.600	51.730	14.300	450
外商直接投资/亿元	0.607	1703.349	316.008	358.035	450
人力资本/年	6.176	13.460	9.295	1.252	450
环境规制/亿元	3.600	1198.654	145.824	138.861	450
财政支出/亿元	0.013	17.550	1.213	2.087	450

三、面板单位根与协整检验

（一）面板单位根检验

为了避免伪回归的产生，本章采用LLC、Fisher-ADF和Hardri LM三种方法对面板数据进行单位根检验，结果见表4-2。该表显示，在每一种方法中，各变量统计量的P值均在5%以下，表明变量均是平稳的，并且是零阶单整的。

表4-2 信息通信技术与绿色经济效率：面板单位根检验

变量	LLC		Fisher-ADF		Hardri LM		结论
	t统计量	P值	p统计量	P值	z统计量	P值	
绿色经济效率	-1.7744	0.0380	143.0429	0.0000	7.8246	0.0000	平稳
信息通信技术	-7.3944	0.0000	249.0443	0.0000	7.2608	0.0000	平稳
城镇化	-3.3318	0.0004	217.9283	0.0000	7.4487	0.0000	平稳
外商直接投资	-2.8135	0.0025	179.2375	0.0000	6.9934	0.0000	平稳
人力资本	-3.1391	0.0008	163.3091	0.0000	5.5927	0.0000	平稳
环境规制	-2.9951	0.0014	166.0788	0.0000	6.2090	0.0000	平稳
财政支出	-7.7062	0.0000	181.0802	0.0000	9.1441	0.0000	平稳

（二）面板协整检验

选择Kao检验、Pedroni检验和Westerlund检验三种方法进行协整检验，以检验变量之间是否存在长期稳定关系。表4-3显示，三种协整检验方法中的统计量均在1%的水平上显著，因此，各变量之间存在协整关系，可以进行回归分析。

表4-3 信息通信技术与绿色经济效率：面板协整检验

检验方法	统计量名称	统计量的值	P值
Kao	ADF	2.5732	0.0050
Pedroni	PP	−9.4690	0.0000
	ADF	−8.0364	0.0000
Westerlund	Variance ratio	3.8763	0.0001

第二节　基本回归结果

基于初步验证模型设定以及回归结果的稳健性的考虑，在基本回归过程中，依次加入解释变量和每一个控制变量，各模型的回归结果见表4-4。表4-4中的模型（1）仅有信息通信技术这一解释变量，未加入任何控制变量，结果表明，信息通信技术对绿色经济效率具有显著的正向影响，并且其回归系数通过了1%的显著性水平检验，信息通信技术水平每增加1%，绿色经济效率提高0.981个百分点。信息通信技术对经济社会发展具有重要影响。特别是在数字经济背景下，以5G、互联网、大数据和云计算为代表的新一代信息通信技术对经济社会发展的积极效应日益凸显。信息通信技术的应用以及发展水平的提升有利于提高绿色经济效率。一方面，信息通信技术在企业中的应用，通过提升企业技术水平，促进知识和技术外溢的方式，推动了企业乃至区域技术创新；另一方面，信息通信技术具有渗透效应，可以向不同的产业渗透，与其融合，对产业进行改造，促进了产业结构升级，而技术创新与产业结构升级均能够提高要素资源利用效率，减少能源的消耗，促进经济增长和节能减排，进而提高绿色经济效率水平。

模型（2）在模型（1）的基础上控制了城镇化变量，研究发现，信息通信技术对绿色经济效率具有显著的促进作用，并且其回归系数依然在1%的水平上显著。城镇化对绿色经济效率的影响为负，原因可能是，城镇化的发展伴随着工业化，在城镇化发展过程中，虽然GDP在不断增加，然而粗放型的发展方式导致消耗了较多的要素资源，同时废水、废气等污染物的排放也在逐渐增加，造成了生态破坏和环境污染，可能引起绿色经济效率水平的降低。这与叶仁道、张勇、罗堃（2017）和黄磊、吴传清（2019）研究所得结论一致。模型（3）在模型（2）的基础上进一步控制了外商直接投资，结果显示，信息通信技术对绿色经济效率依然具有显著的促进作用，外商直接投资对绿色经济效率的影响为正，但不显著。模型（4）在模型（3）的基础上控制了人力资本变量，发现信息通信技术对绿色经济效率依然具有显著的正向影响，并且人力资本对绿色经济效率具有显著的促进作用。人力资本水平每上升1%，绿色经济效率增加3.715个百分点。人力资本是区域高质量发展的引擎和重要动力，人力资本的提升有利于对先进技术的吸收与应用，推动区域技术创新和产业结构转型升级，进而提高绿色经济效率。模型（5）、模型（6）分别在模型（4）和模型（5）的基础上控制了环境规制和财政支出变量，结果显示，信息通信技术对绿色经济效率仍然具有显著的促进作用，环境规制对绿色经济效率具有显著的正向影响。这与李子豪、毛军（2018）和张治栋、秦淑悦（2018）研究结论一致。环境规制水平每提升1个百分点，绿色经济效率提高0.185%。合适的环境规制能够引发企业的"创新补偿"效应，促进技术创新，迫使产业结构转型升级，降低区域中高污染、高耗能产业的占比，因而提高绿色经济效率。财政支出对绿色经济效率的影响也是正向的，并且其回归系数在5%的水平上显著，财政支出水平每上升1%，绿色经济效率提高0.754个百分点。现阶段，在中央和各级政府大力推行生态文明建设的背景下，政府财政支出主要向科技创新、节能环保等方面倾斜，这显然有利于提高地区的绿色经济效率水平。以上6个模型的基本回归结果均显示，信息通信技术对绿色经济效率具有促进作用，信息通信技术回归系数的差距较小，并且都在1%的显著性水平上通过了检验。

表4-4　信息通信技术与绿色经济效率：基本回归

自变量	因变量:绿色经济效率					
	（1）	（2）	（3）	（4）	（5）	（6）
信息通信技术	0.981***	1.047***	1.033***	0.957***	0.915***	0.962***
	（0.116）	（0.117）	（0.117）	（0.123）	（0.122）	（0.123）
城镇化		−0.377**	−0.400***	−0.562***	−0.615***	−0.680***
		（0.147）	（0.149）	（0.168）	（0.170）	（0.172）
外商直接投资			0.030	0.041	0.021	0.025
			（0.032）	（0.033）	（0.033）	（0.033）
人力资本				3.715**	3.940**	4.033**
				（1.810）	（1.792）	（1.781）
环境规制					0.185***	0.165***
					（0.058）	（0.058）
财政支出						0.754**
						（0.313）
常数	0.344***	0.502***	0.507***	0.262*	0.263*	0.278**
	（0.032）	（0.069）	（0.069）	（0.139）	（0.138）	（0.138）
Wald chi2	132.170	142.730	143.810	149.320	163.230	171.360
P值	0.000	0.000	0.000	0.000	0.000	0.000
Log likelihood	389.311	392.636	393.049	395.151	400.133	403.015
样本数	450	450	450	450	450	450

注：（1）***、**、*分别表示在1%、5%、10%的水平上显著；（2）（·）内的数值表示标准误差。

第三节　稳健性检验与内生性讨论

一、稳健性检验

本节通过更换信息通信技术和绿色经济效率的衡量指标，进一步对基本回归结果的稳健性进行检验。

（一）稳健性检验之一：更换信息通信技术的衡量指标

信息通信技术的表示方法较多，除了通过构建指标体系的方法衡量之外，诸多研究利用单一指标予以表示，主要包括计算机普及率、宽带渗透率、移动或固定电话拥有率等指标。因此，参照已有研究，本节采用互联网普及率、宽带接入端口比率、CN域名持有量三个指标分别表示信息通信技术，以进行稳健性检验。这三个指标均与互联网的应用和发展紧密相关，也是信息通信技术的重要组成部分，因此能够在一定程度上反映信息通信技术水平。表4-5中的模型（1）（2）（3）分别将信息通信技术的衡量指标更换为互联网普及率、宽带接入端口比率和CN域名持有量，再分别进行回归分析。回归结果表明，在控制了城镇化、外商直接投资、人力资本、环境规制以及财政支出变量后，互联网普及率、宽带接入端口比率和CN域名持有量对绿色经济效率均具有正向影响，并且回归系数也都在1%的水平上显著，只是回归系数比原始回归更小。原因可能是，稳健性检验中使用的是单一指标表示信息通信技术水平，因此，与综合指标相比，信息通信技术对绿色经济效率的影响程度会变小。此外，各控制变量的符号并未发生变化，说明原始的回归结果是稳健的。

表4-5　稳健性检验之一：更换信息通信技术衡量指标

自变量		因变量：绿色经济效率		
		（1）	（2）	（3）
信息通信技术	互联网普及率	0.468***		
		(0.123)		
	宽带接入端口比率		0.441***	
			(0.079)	
	CN域名持有量			0.104***
				(0.034)
城镇化		−0.805***	−0.801***	−0.665***
		(0.189)	(0.215)	(0.193)

自变量	因变量:绿色经济效率		
	（1）	（2）	（3）
外商直接投资	0.054	0.066**	0.046
	(0.034)	(0.030)	(0.035)
人力资本	7.422***	6.628***	7.515***
	(1.789)	(1.730)	(1.799)
环境规制	0.211***	0.079	0.213***
	(0.061)	(0.051)	(0.061)
财政支出	0.482	0.491*	0.495
	(0.325)	(0.259)	(0.327)
常数	0.067	0.129	0.034
	(0.142)	(0.142)	(0.145)
Wald chi2	115.780	166.350	110.280
P值	0.000	0.000	0.000
Log likelihood	381.713	386.366	379.232
样本数	450	360	450

注：（1）***、**、*分别表示在1%、5%、10%的水平上显著；（2）（·）内的数值表示标准误差。

（二）稳健性检验之二：更换绿色经济效率的测算方法

关于绿色经济效率的测算方法比较多，第三章采用的是非径向、非角度包括非期望产出的全局SBM模型，在该部分使用另外两种方法测算绿色经济效率以进行稳健性检验。一是使用不考虑全局的SBM模型，即对每一个截面（省区市）分别进行绿色经济效率的测算；二是运用超效率SBM模型，该模型进一步对效率值为1的决策单元（DMU）进行比较和排序。本节将采用上述两种方法测算的绿色经济效率分别代入面板Tobit模型中，对原始的绿色经济效率值进行替换，再进行回归分析，具体结果见表4-6。表4-6中的回归结果显示，在更换绿色经济效率的测算方法后，信息通信技术对绿色经济效率依然具有促进作用，并且信息通信技术的回归系数也都在

1%的显著性水平上通过了检验，这进一步说明了信息通信技术对绿色经济效率的正向影响具有稳健性。

表4-6　稳健性检验之二：更换绿色经济效率的测算方法

自变量	因变量:绿色经济效率	(1)不考虑全局SBM
	(2)超效率SBM	因变量:绿色经济效率
信息通信技术	0.312***	0.964***
	(0.111)	(0.129)
城镇化	0.058	−0.810***
	(0.163)	(0.181)
外商直接投资	−0.022	0.045
	(0.029)	(0.034)
人力资本	5.764***	4.585**
	(1.547)	(1.848)
环境规制	−0.003	0.233***
	(0.050)	(0.061)
财政支出	−0.116	0.789**
	(0.267)	(0.325)
常数	0.122	0.314**
	(0.131)	(0.144)
Wald chi2	201.050	182.950
P值	0.000	0.000
Log likelihood	463.869	385.845
样本数	450	450

　　注：（1）***、**、*分别表示在1%、5%、10%的水平上显著；（2）（·）内的数值表示标准误差。

　　以上两种稳健性检验方法的实证结果均显示，信息通信技术对绿色经济效率具有正向影响，并且信息通信技术的回归系数也都在1%的水平上显著，因此，信息通信技术对绿色经济效率的促进作用具有稳健性。

二、内生性讨论

　　若不考虑内生性问题，直接使用面板Tobit模型进行回归分析，所得到的回归结果可能存在偏误。本章内生性产生的原因可能有以下三个方面：

一是模型中存在遗漏变量的情况。绿色经济效率包括经济、资源和环境三要素，是一个综合指标，其影响因素比较多，因此模型中可能会遗漏掉一些变量，本章已经尽量增加控制变量，以减少研究带来的偏误。二是信息通信技术与绿色经济效率具有双向因果关系。信息通信技术会影响绿色经济效率，关于这一点，我们已经进行了理论分析。同时，区域绿色经济效率对信息通信技术的引进和投入也可能会产生一定影响，比如，一般地，绿色经济效率较高的地区，其技术创新能力和经济发展水平也高，进而可能会研发或吸引到更加先进的信息通信技术；或者对于绿色经济效率比较低的地区来说，政府可能会对该地区进行政策和资金倾斜，增加该地区信息通信技术基础设施的建设与投资力度，因此，信息通信技术与绿色经济效率可能存在双向因果关系。三是测算误差。尽管我们已经对各种原始数据进行仔细筛查，做出细致、科学地处理，并采用主流的方法与模型测算了各地区的信息通信技术与绿色经济效率水平，然而由于使用的指标和数据种类较多，来源广泛，因而测算结果也可能会存在一定的偏误。基于此，本章通过采取工具变量的方法以试图解决模型中可能存在的内生性问题，以使本章中的实证分析结果更加准确。

对于面板数据来说，多数研究使用内生解释变量的滞后一期作为工具变量，以进行内生性处理。然而由于经济活动的惯性，该方法所得工具变量与被解释变量之间往往存在较强的相关关系，工具变量并非外生、有效，因而，用其进行工具变量估计也会存在偏误。

工具变量的选择需要满足相关性和外生性两个条件，本章从地理和历史两个方面寻找工具变量，选择了各地区地形平坦度和1981年的人均邮电业务量作为信息通信技术的工具变量。

第一，地形平坦度。某一个地区的地形对信息通信基础设施的建设和应用具有重要影响，即直接影响了该地区的信息通信技术水平，表明地形与信息通信技术之间具有相关性。同时，由于各地区的地形是天然形成和客观存在的，对绿色经济效率并不会产生直接影响（林伯强、谭睿鹏，2019），因而该工具变量又具有外生性。因此，从理论上分析，这一工具变量是合理的。本文参照已有研究（盛丹、包群、王永进，2011；蒋冠宏、蒋殿春，2012），使用各地区平地面积与总面积之比表示地形平坦度。

　　第二，1981年人均邮电业务量。邮电业务包括邮政、电报和电话通信等内容，是早期信息通信技术水平的重要表现形式，该工具变量对当前的信息通信技术水平具有影响。早期某地区人均邮电业务量越高，反映出该地区信息通信技术发展的基础条件越好，即信息通信基础设施更加完善，应用能力更强，进而当前的信息通信技术水平也会更高，因此，这一工具变量与信息通信技术具有相关性。然而三十多年前的人均邮电业务量对当前绿色经济效率不会产生直接影响，说明了该工具变量又具有外生性。因而，经过理论分析，这一工具变量也具有合理性。

　　进一步对工具变量的有效性进行检验，在第一阶段回归结果中，两个工具变量的回归系数均显著，回归方程的F统计值为213.430，在1%的显著性水平上通过了检验。同时，弱工具变量检验中的Wald检验统计值为15.460，对应的P值为0.000，这均表明不存在弱工具变量，即本章工具变量的选择是合理和有效的。工具变量估计结果见表4-7，该表显示，利用工具变量进行内生性处理之后，信息通信技术对绿色经济效率具有正向影响，其回归系数在1%的水平上显著。

表4-7　内生性讨论：工具变量估计

自变量	因变量:绿色经济效率
信息通信技术	0.867***
	（0.221）
控制变量	已控制
常数	0.732***
	（0.124）
Wald chi2	151.120
P值	0.000
Log likelihood	836.199
F值	213.430***
Wald检验	15.460***
样本数	420

　　注：（1）***表示在1%的水平上显著；（2）（·）内的数值表示标准误差；（3）控制变量与基本回归中完全相同；（4）F为第一阶段回归结果中的F统计值。

第四节　进一步讨论：区域差异分析

本章中的数据来源、模型设定以及变量的选取同第一节，在此不再赘述。在以上研究的基础上，本节进一步讨论信息通信技术对我国东部、中部和西部地区绿色经济效率的影响，比较这种影响在不同区域之间的差异，并探讨其产生的原因。

由于我国东中西三大区域的信息通信技术人才规模、经济发展水平等具有较大差异，因此，信息通信技术在各区域释放的正向效应可能不同，进而对各区域绿色经济效率的影响存在差异。信息通信技术对我国东部、中部和西部地区绿色经济效率影响的回归结果见表4-8。该表显示，在控制了城镇化、外商直接投资、人力资本、环境规制以及财政支出变量后，信息通信技术对东部、中部和西部地区绿色经济效率均具有显著的促进作用，这与全样本所得结论一致。从区域差异来看，信息通信技术对东部地区绿色经济效率的促进作用最大，中部次之，西部最小。具体来说，信息通信技术水平每增加1%，东部地区绿色经济效率提高0.769个百分点，中部地区增加0.670个百分点，西部地区增加0.589个百分点。

关于信息通信技术对绿色经济效率影响的区域差异，本节主要从以下两个方面予以解释：

一是信息通信技术网络效应的解释。信息通信技术具有网络效应，对于信息通信技术水平更高的地区来说，区域中的个体、企业之间形成了高密度的空间联系网络，区域内知识、技术等信息的传递和分享更加高效。信息通信技术水平的提升，释放的正向效应以及创造的价值成倍扩大，在较大程度上促进了技术创新和产业结构升级，因此，信息通信技术对绿色经济效率的促进作用更大。信息通信技术水平的测算结果显示，我国东部地区信息通信技术水平明显高于中西部地区，2003—2017年我国东部地区信息通信技术的平均水平为36.468，高于全国平均水平，而中部和西部地区分别为21.844和21.316，均低于全国平均水平。

二是信息通信技术人才视角的解释。区域信息通信技术的应用能力对其正向效应的释放具有重要作用，当信息通信技术被充分吸收、应用时，信息通信技术对经济社会发展释放的正向效应更强，进而对绿色经济效率的促进作用也更大。专业技术人才是区域信息通信技术应用能力的主要体现，信息通信技术在专业技术人才更多的地区可能被应用得更加高效，因而其释放的正向效应更强，对绿色经济效率的促进作用也会更大。我国东部地区信息通信技术专业人才的数量明显高于中西部地区，以信息传输、软件和信息服务业人才为例，据统计，2018年我国东部地区该类专业技术人才数量为299.270万人，占全国该类专业技术人才总数的70.540%，而中西部地区此类专业技术人才数量分别为71.538万人和53.450万人，占全国的比重依次是16.862%和12.598%。信息通信技术人才规模的区域差异可能是导致信息通信技术对绿色经济效率影响程度不同的重要原因。

以上两种视角的解释体现为两个方面的内容：一是区域信息通信技术规模水平的差异；二是区域信息通信技术应用能力的差异。

表4-8　信息通信技术与绿色经济效率：区域差异分析

自变量	因变量:绿色经济效率		
	(1)东部	(2)中部	(3)西部
信息通信技术	0.769***	0.670**	0.589***
	(0.228)	(0.265)	(0.222)
城镇化	−1.305***	0.715***	0.092
	(0.368)	(0.264)	(0.150)
外商直接投资	0.079	0.035	0.103
	(0.053)	(0.059)	(0.064)
人力资本	9.247**	0.364	−0.751
	(4.198)	(1.701)	(1.447)
环境规制	0.191**	0.048	−0.350***
	(0.091)	(0.078)	(0.118)
财政支出	1.767***	−0.571*	0.289
	(0.607)	(0.301)	(0.342)
常数	0.144	0.036	0.413***
	(0.335)	(0.151)	(0.136)
Wald chi2	119.84	73.12	49.67
P值	0.000	0.000	0.000

续　表

自变量	因变量:绿色经济效率		
	(1)东部	(2)中部	(3)西部
Log likelihood	112.165	230.896	233.310
样本数	180	135	135

注:(1)***、**、*分别表示在1%、5%、10%的水平上显著;(2)(·)内的数值表示标准误差。

本章小结

本章利用2004—2018年《中国统计年鉴》《中国环境统计年鉴》《中国劳动统计年鉴》《中国人口和就业统计年鉴》《中国区域经济统计年鉴》以及各省区市的统计年鉴数据,基于数字经济背景,实证研究了信息通信技术对绿色经济效率的影响。研究发现,从全国样本来看,信息通信技术对绿色经济效率具有显著的正向影响,在更换被解释变量和解释变量的测算方法,以及工具变量估计后,研究结论仍然成立,信息通信技术提高了资源利用效率,减少了能源消耗,促进了经济增长和节能减排,因而有利于绿色经济效率水平的提升。这也验证了第二章中提出的研究假说1。

从三大区域的比较来看,信息通信技术对我国东部、中部和西部地区绿色经济效率的促进作用存在差异。具体的,信息通信技术对东部地区绿色经济效率的促进作用最大,中部地区次之,西部地区最小。这也验证了研究假说4。信息通信技术的网络效应理论、信息通信技术人才规模的区域差异为这一现象提供了解释。区域信息通信技术水平越高,其释放的正向效应越强,同时,信息通信技术人才是区域信息通信技术应用能力的重要体现,信息通信技术在专业技术人才规模更大的地区被应用得更加充分,释放的正向效应也会更强,因而对绿色经济效率具有更大的促进作用。我国东部地区信息通信技术水平以及专业技术人才规模均明显高于中西部地区,信息通信技术在东部地区释放的正向效应更强,有利于大幅度推动技术创新与产业结构升级,促进经济增长和节能减排,因此对绿色经济效率的促进作用更大。

　　本章研究结论具有一定的政策含义，现阶段数字经济背景下，对于中西部地区来说，不仅需要增加信息通信基础设施的投入，推动互联网、大数据和云计算等新一代信息通信技术的快速发展，进一步缩小与东部地区之间的数字鸿沟，而且要注重提升区域信息通信技术的应用能力，这对于信息通信技术正向效应的发挥具有重要影响。中西部地区可以通过加大对信息通信技术人才的引进与培养力度，以及增加教育投资的方式，提升区域信息通信技术人才规模，以增强对信息通信技术的吸收和应用能力，在较大程度上发挥信息通信技术的正向效应，不断提高中西部地区的绿色经济效率水平。

第五章 信息通信技术对绿色经济效率的影响机制检验

　　第二章从理论上分析了信息通信技术对绿色经济效率影响的两种机制，一是信息通信技术促进技术创新。信息通信技术具有协同效应，促进技术创新，有助于加强企业不同部门之间的协作，提升各部门之间协作和资源利用效率，进而减少资源浪费和能源消耗，促进经济增长和节能减排，提高绿色经济效率。同时，信息通信技术的应用及发展水平的提升，推进了区域知识、技术的外溢，便于企业获取外部先进技术，提高技术创新水平，进一步带动整个区域技术创新的发展。而技术创新是经济增长和节能减排的内生动力，不仅能够提升劳动力、资本和能源等要素资源利用效率，而且可以减少能源消耗与污染排放，有利于经济增长和节能减排，提高绿色经济效率。

　　二是信息通信技术推动产业结构升级。信息通信技术具有渗透效应，能够对传统产业进行改造，并且与不同产业融合，促进产业数字化、智能化和网络化发展，推动产业结构升级，提高产业发展效率及其附加值，降低能源消耗和污染排放水平，有利于经济增长与节能减排，因而提高了绿色经济效率。由此可见，从理论上分析，信息通信技术可以通过上述两种机制对绿色经济效率产生促进作用。在理论分析的基础上，本章将进一步采用面板数据模型，分别对技术创新、产业结构升级两种主要影响机制进行实证检验。通过理论研究和实证检验相结合的方式，以使本书的研究思路更加严谨，研究结论也更加可靠和更具有说服力。

第一节　影响机制检验之一：技术创新

一、信息通信技术与技术创新

（一）技术创新的理解及衡量指标

技术创新是指新的思想、技术在产品或工艺上的应用与转化过程，技术创新促进了新产品、新工艺的形成，并且这些新产品、新工艺可以在市场上得到价值实现。技术创新是区域经济发展的重要动力，可以提升经济发展效率和质量，促进经济增长和节能减排，提高绿色经济效率。那么技术创新如何衡量？从已有研究来看，技术创新的衡量指标主要有以下三种，一是全要素生产率（TFP）。全要素生产率也叫做技术进步率，体现的是生产过程中由技术进步而引起的产量增加，主要是通过建立 DEA 模型进行测算。二是专利申请授权数。该指标是衡量技术创新的常用指标，一般认为，某地区的专利申请授权数与其技术创新水平呈正相关，即专利申请授权数越多，表明区域技术创新水平越高。三是研发（R&D）经费。研发经费为区域技术创新提供了资金支持和保障，该指标可以表示区域的技术创新能力和水平，一般使用研发经费投入和研发经费内部支出两个具体的细分指标表示。

在社会生产系统中，信息通信技术能够优化各生产要素组合，促进技术创新，提高生产要素的配置效率，减少资源和能源消耗。同时，信息通信技术的应用及发展水平的提升，不仅增强了信息的流动性和透明度，消除信息不对称，使企业可以通过多渠道掌握更加丰富的商品市场信息，及时推动技术改进与创新；而且有利于促进不同企业和区域之间的合作，加强了知识、技术的交流，进一步推进区域知识和技术溢出效应的释放，进而提升企业乃至整个区域的技术创新水平。

（二）数据、模型与变量

1.数据来源

数据主要来源于 2004—2018 年《中国科技统计年鉴》《中国统计年鉴》《中国环境统计年鉴》《中国人口和就业统计年鉴》《中国区域经济统计年

鉴》以及2003—2017年《全国科技经费投入统计公报》。由于西藏自治区很多指标的数据存在缺失，因此不考虑该地区的样本。

2.模型设定

根据研究的需要，建立如下面板数据模型：

$$TEC_{it} = \alpha_0 + \alpha_1 ICT_{it} + \alpha_2 X_{it} + U_i + T_t + \varepsilon_{it}$$

其中，i和t分别表示地区和时间，TEC、ICT分别表示技术创新和信息通信技术，X_{it}为控制变量，α_0是常数项，U_i表示地区固定效应，T_t表示时间固定效应，ε_{it}表示随机扰动项，$\varepsilon_{it} \sim N(0, \sigma^2)$。

3.变量的选取与描述性统计

被解释变量：技术创新。使用各地区的专利申请授权数表示技术创新水平，这也是已有研究中普遍使用的指标。同时，在稳健性检验中采用研发（R&D）经费来衡量技术创新水平，包括了研发经费投入和研发经费内部支出两个指标。

解释变量：信息通信技术。

控制变量：由于本节的主要内容是影响机制检验，因此，为了保持与总回归方程中控制变量的一致性，本节模型中的控制变量与第四章相同，即包括城镇化、外商直接投资、人力资本、环境规制和财政支出五个控制变量，关于控制变量的详细阐述可参见第四章相应内容，在此就不再赘述。

各变量的描述性统计见表5-1。

表5-1 信息通信技术与技术创新：变量的描述性统计

变量	最小值	最大值	平均值	标准差	样本数
专利申请授权数/千件	0.070	332.652	26.143	47.877	450
研发经费投入/亿元	1.200	2344	269.900	386.200	450
研发经费内部支出/亿元	0.169	741.200	42.170	90.990	450
信息通信技术	2.100	100	27.680	18.210	450
城镇化/%	24.770	89.600	51.730	14.300	450
外商直接投资/亿元	0.607	1703.349	316.008	358.035	450
人力资本/年	6.176	13.460	9.295	1.252	450
环境规制/亿元	3.600	1198.654	145.824	13-8.861	450
财政支出/亿元	0.013	17.550	1.213	2.087	450

（三）实证分析

1.面板单位根检验

本节依然采用LLC、Fisher-ADF和Hardri LM三种方法进行面板单位根检验。表5-2显示，每一种方法中各变量统计量的P值均在1%以下，因此，所有变量均是平稳的，并且是零阶单整的。

表5-2 信息通信技术与技术创新：面板单位根检验

变量	LLC		Fisher-ADF		Hardri LM		结论
	t统计量	P值	p统计量	P值	z统计量	P值	
专利申请授权数	−3.8586	0.0001	184.1123	0.0000	5.6556	0.0000	平稳
信息通信技术	−7.3944	0.0000	249.0443	0.0000	7.2608	0.0000	平稳
城镇化	−3.3318	0.0004	217.9283	0.0000	7.4487	0.0000	平稳
外商直接投资	−2.8135	0.0025	179.2375	0.0000	6.9934	0.0000	平稳
人力资本	−3.1391	0.0008	163.3091	0.0000	5.5927	0.0000	平稳
环境规制	−2.9951	0.0014	166.0788	0.0000	6.2090	0.0000	平稳
财政支出	−7.7062	0.0000	181.0802	0.0000	9.1441	0.0000	平稳

2.面板协整检验

本节利用Kao检验、Pedroni检验和Westerlund检验三种方法进行面板协整检验。表5-3中，Kao检验的ADF统计量在5%的显著性水平上通过了检验，Pedroni检验和Westerlund检验的统计量均在1%的水平上显著，表明各变量之间存在协整关系，可以进行回归分析。

表5-3 信息通信技术与技术创新：面板协整检验

检验方法	统计量名称	统计量的值	P值
Kao	ADF	2.2354	0.0127
Pedroni	PP	−6.6867	0.0000
	ADF	−6.7136	0.0000
Westerlund	Variance ratio	4.3759	0.0000

3.基本回归

在具体面板模型的相关检验及选择方面，表5-4各模型回归结果中F检验的P值均为0.000，表明固定效应要优于混合回归，即允许每一个体具有自己的截距项。同时，Hausman 检验结果显示，chi2=75.170，相应的 P 值为 0.000，说明在固定效应和随机效应模型之间，应选择固定效应模型。进一步地，本部分对固定效应模型中的年度虚拟变量进行联合显著性检验，结果显示，F 统计量的值为 3.330，相应的 P 值为 0.003，表明拒绝"无时间效应"的原假设，即在固定效应模型中应考虑时间效应，因此，最终选择了双向固定效应模型进行回归分析。

在模型中逐步加入解释变量和每一个控制变量进行回归分析，各模型的基本回归结果见表5-4。

表5-4 信息通信技术与技术创新：基本回归

自变量	因变量:技术创新					
	(1)	(2)	(3)	(4)	(5)	(6)
信息通信技术	3.082***	3.139***	3.094***	2.919***	2.725***	2.877***
	(0.367)	(0.371)	(0.372)	(0.379)	(0.377)	(0.377)
城镇化		0.619	0.555	0.235	−0.064	−0.340
		(0.572)	(0.573)	(0.589)	(0.586)	(0.588)
外商直接投资			0.133	0.171*	0.109	0.126
			(0.097)	(0.098)	(0.098)	(0.098)
人力资本				1.178**	1.197**	1.212**
				(0.543)	(0.535)	(0.529)
环境规制					0.603***	0.533***
					(0.166)	(0.166)
财政支出						2.671***
						(0.887)
常数	−16.74***	−43.81*	−43.42*	−130.0***	−119.2**	−110.2**
	(5.262)	(25.55)	(25.52)	(47.27)	(46.67)	(46.30)
样本数	450	450	450	450	450	450
R-squared	0.441	0.442	0.445	0.451	0.469	0.480
F值	21.27	20.02	18.99	18.37	18.62	18.50
P值	0.000	0.000	0.000	0.000	0.000	0.000
F检验	23.00 ***	22.35 ***	7.50 ***	7.43 ***	6.92 ***	6.91 ***

注：（1）***、**、*分别表示在1%、5%、10%的水平上显著；（2）F检验的原假设是混合回归是可以接受的；（3）（·）内的数值表示标准误差。

该表模型（1）中仅包括信息通信技术这一解释变量，回归结果显示，信息通信技术对技术创新具有促进作用，并且其回归系数在1%的水平上显著，信息通信技术水平每增加1%，技术创新水平上升3.082个百分点。主要原因是，信息通信技术促进了要素资源的高效流动，提高了要素资源的配置效率，降低了生产冗余，是企业乃至区域技术创新的重要源泉和动力，同时，信息通信技术促进了知识、技术溢出效应的释放，有利于不同企业、区域之间知识和技术的交流，在此过程中，每一个参与者均能够进一步提高自身的技术创新水平，因此，信息通信技术促进了技术创新。并且近年来，在数字经济背景下，以5G、互联网、大数据和云计算为主要特征的新一代信息通信技术在促进技术创新中发挥了积极作用。

模型（2）和模型（3）分别在模型（1）、模型（2）的基础上控制了城镇化和外商直接投资变量，结果显示，信息通信技术对技术创新具有正向作用，并且其回归系数依然在1%的显著性水平上通过了检验。城镇化和外商直接投资对技术创新的影响均为正，但并不显著。模型（4）进一步控制了人力资本变量，结果表明，信息通信技术对技术创新具有显著的正向影响，外商直接投资的回归系数也变得显著，外商直接投资可以为本地带来资本和先进技术，因此进一步推动了本地的技术创新。人力资本对技术创新具有显著的促进作用，具体的，人力资本每增加1个百分点，技术创新水平提高1.178%。人力资本为技术创新提供了智力支持，高水平的人力资本不仅能够充分吸收和应用外来引进技术，而且可以在此基础上进行新技术的研发，有利于提高技术创新水平。模型（5）、模型（6）分别在模型（4）和模型（5）的基础上控制了环境规制和财政支出变量，结果显示，信息通信技术对技术创新仍然具有显著的正向影响，环境规制与财政支出对技术创新也具有促进作用，回归系数分别为0.533和2.671，并且均在1%的水平上显著。环境规制促进了技术创新，这与已有诸多研究所得结论一致，很多研究验证了"波特假说"，认为环境规制具有"创新补偿"效应，即环境规制虽然增加了区域中企业的成本，但是能够激发企业进行技术创新，提高企业生产效率，最终使其受益。政府财政支出的增加也有利于技术创新，这与曾淑婉（2013）研究所得结论一致。产生这个结论的原因可能是，政府财政支出特别是科教支出的增加为技术创新提供了资金支持与保障，它是实现技术创新的重要基础。

4.稳健性检验

为了实证检验原始回归结果的稳健性，采取更换技术创新的表示方法，以及使用动态面板模型两种方法进行稳健性检验。

在更换技术创新的表示方法上，参照已有研究，分别使用各地区的研发经费投入和研发经费内部支出两个变量表示技术创新水平，以进一步检验原始回归结果的稳健性，具体回归结果见表5-5。表5-5中模型（1）使用研发经费投入表示技术创新水平。回归结果显示，在控制了城镇化、外商直接投资、人力资本、环境规制以及财政支出五个变量后，信息通信技术对技术创新具有正向影响，并且其回归系数在1%的水平上显著。模型（2）利用研发经费内部支出作为技术创新的衡量指标，结果表明，信息通信技术对技术创新具有显著的促进作用，其回归系数也是在1%的显著性水平上通过了检验，并且与原始的回归相比，表5-5模型（1）和模型（2）中各控制变量的符号均未发生变化，表明原始的回归结果是稳健的。

在采用动态面板模型估计方面，模型（3）、模型（4）分别为差分广义矩（Diff-GMM）和系统广义矩（Sys-GMM）的动态面板模型估计。模型（3）中的AR（1）与AR（2）的P值分别为0.041和0.538，说明扰动项存在一阶自相关，但不存在二阶自相关，因此，采用差分广义矩是可行的，同时，Sargan检验的P值为0.838，即工具变量不存在过度识别问题。模型（4）中AR（1）与AR（2）的P值分别为0.044和0.560，表明模型中的扰动项也是存在一阶自相关，但不存在二阶自相关的情况，即采用系统广义矩是可取的，同时，Sargan检验的P值为0.996，表明工具变量不存在过度识别问题。两种动态面板模型的估计结果均显示，信息通信技术对技术创新具有正向影响，且其回归系数也都在1%的水平上显著，进一步表明了信息通信技术对技术创新的促进作用具有稳健性。此外，技术创新滞后一期变量的回归系数显著为正，表明上一期技术创新对本期技术创新水平具有正向影响。

表5-5　信息通信技术与技术创新：稳健性检验

自变量	更换技术创新的表示方法		动态面板模型	
	（1）	（2）	（3）	（4）
技术创新滞后一期			0.857***	0.910***
			（0.002）	（0.002）
信息通信技术	2.193***	4.541***	0.226***	0.056***
	（0.265）	（0.556）	（0.007）	（0.011）
城镇化	−1.198***	−6.336***	−0.293***	−0.196***
	（0.414）	（0.867）	（0.026）	（0.014）
外商直接投资	0.129*	0.631***	0.099***	0.283***
	（0.0687）	（0.144）	（0.006）	（0.006）
人力资本	0.680*	1.491*	0.013	0.091***
	（0.373）	（0.781）	（0.013）	（0.013）
环境规制	0.555***	0.719***	0.184***	0.009**
	（0.117）	（0.245）	（0.004）	（0.004）
财政支出	2.095***	0.482	0.964***	0.830***
	（0.624）	（1.308）	（0.034）	（0.018）
常数	−22.41	110.9	7.397***	−4.258***
	（32.60）	（68.32）	（0.965）	（1.133）
Wald chi2			7220000	4460000
AR（1）			−2.048	−2.019
			[0.041]	[0.044]
AR（2）			−0.616	−0.583
			[0.538]	[0.560]
Sargan			27.679	26.920
			[0.838]	[0.996]
P值	0.000	0.000	0.000	0.000
样本数	450	450	390	420

注：（1）***、**、*分别表示在1%、5%、10%的水平上显著；（2）（·）内的数值表示标准误差；（3）[·]内的数值为对应检验的P值。

二、技术创新与绿色经济效率

(一)数据、模型与变量

数据来源和样本选择与上文相同,同时,由于被解释变量是受限变量,因此采用面板 Tobit 模型进行回归分析,模型的基本形式与第四章相同。本部分的被解释变量是指绿色经济效率,解释变量为技术创新,控制变量依次为城镇化、外商直接投资、人力资本、环境规制和财政支出。第四章和本节第一部分内容已对各变量作出了具体阐述和描述性分析,在此不再赘述相关内容。

(二)基本回归

在基本回归过程中,依次加入解释变量和每一个控制变量,各模型的回归结果见表 5-6。表 5-6 中 6 个模型的回归结果均显示,技术创新对绿色经济效率具有正向促进作用,并且其回归系数都在 1% 的显著性水平上通过了检验。技术创新有助于改变传统的粗放型发展模式,是实现集约型发展的重要手段,为节能减排提供主要技术支撑,是节能减排的内生动力。技术创新可以从根本上提高劳动力、资本和能源等要素资源的利用效率,降低能源消耗水平,并减少污染排放,因此,有利于提升绿色经济效率水平。相关研究也表明,技术创新是绿色经济效率的重要推动力,促进了经济增长与节能减排,进而提升绿色经济效率水平。由于控制变量的选择与第四章相同,因此,本部分内容不再赘述各控制变量对绿色经济效率的影响。

表 5-6　技术创新与绿色经济效率:基本回归

自变量	因变量:绿色经济效率					
	(1)	(2)	(3)	(4)	(5)	(6)
技术创新	0.019***	0.019***	0.019***	0.018***	0.018***	0.018***
	(-0.001)	(-0.001)	(-0.001)	(-0.001)	(-0.002)	(-0.002)
城镇化		-0.344**	-0.356**	-0.529***	-0.576***	-0.585***
		(-0.163)	(-0.165)	(-0.169)	(-0.171)	(-0.174)
外商直接投资			0.013	0.026	0.016	0.017
			(-0.030)	(-0.030)	(-0.031)	(-0.031)

续　表

自变量	因变量:绿色经济效率					
	(1)	(2)	(3)	(4)	(5)	(6)
人力资本				4.487***	4.549***	4.583***
				(−1.616)	(−1.613)	(−1.617)
环境规制					0.102*	0.101*
					(−0.054)	(−0.055)
财政支出						0.086
						(−0.287)
常数	0.403***	0.551***	0.554***	0.242*	0.254*	0.255*
	(−0.032)	(−0.079)	(−0.079)	(−0.134)	(−0.135)	(−0.136)
Wald chi2	242.140	252.890	253.220	264.720	271.520	271.790
P值	0.000	0.000	0.000	0.000	0.000	0.000
Log likelihood	426.642	429.011	429.109	432.923	434.684	434.729
样本数	450	450	450	450	450	450

注:(1)***、**、*分别表示在1%、5%、10%的水平上显著;(2)(·)内的数值表示标准误差。

(三)稳健性检验

依然采用更换技术创新的表示方法,以及利用动态面板模型进行稳健性检验。在更换技术创新的表示方法上,表5-7中模型(1)和模型(2)分别使用研发经费投入、研发经费内部支出表示技术创新水平,两个模型的回归结果均显示,在控制了城镇化、外商直接投资、人力资本、环境规制以及财政支出五个变量后,技术创新对绿色经济效率具有正向影响,并且回归系数都在1%的水平上显著。在动态面板模型估计方面,模型(3)、模型(4)分别采用差分广义矩(Diff-GMM)和系统广义矩(Sys-GMM)进行动态面板模型估计,估计结果均显示,技术创新对绿色经济效率具有正向影响,且其回归系数也都在1%的水平上显著。由此表明,技术创新对绿色经济效率的促进作用具有稳健性。

表5-7 技术创新与绿色经济效率：稳健性检验

自变量	更换技术创新表示方法		动态面板模型	
	（1）	（2）	（3）	（4）
绿色经济效率滞后一期			0.657***	0.886***
			（0.007）	（0.008）
技术创新	0.032***	0.086***	0.084***	0.015***
	（−0.002）	（−0.010）	（0.001）	（0.002）
城镇化	−0.370**	−0.292	0.107***	0.317***
	（−0.153）	（−0.181）	（0.027）	（0.039）
外商直接投资	−0.011	−0.008	−0.027***	−0.028***
	（−0.028）	（−0.033）	（0.002）	（0.004）
人力资本	3.319**	4.528***	0.100	0.146
	（−1.462）	（−1.746）	（0.130）	（0.356）
环境规制	0.013	0.148**	0.076***	0.135***
	（−0.050）	（−0.058）	（0.003）	（0.006）
财政支出	0.005	0.537*	−0.264***	−0.158***
	（−0.257）	（−0.305）	（0.014）	（0.023）
常数	0.272**	0.132	0.0547***	−0.140***
	（−0.120）	（−0.137）	（0.006）	（0.017）
Wald chi2	441.810	183.750	1880000	177944.08
P值	0.000	0.000	0.000	0.000
AR（1）			−1.556	−1.683
			［0.120］	［0.092］
AR（2）			−0.990	−0.994
			［0.322］	［0.320］
Sargan			28.877	28.645
			［0.795］	［0.993］
样本数	450	450	390	420

注：（1）***、**、*分别表示在1%、5%、10%的水平上显著；（2）（·）内的数值表示标准误差。（3）［·］内的数值为对应检验的P值。

三、简要结论

本节利用2004—2018年《中国科技统计年鉴》《中国统计年鉴》《中国

环境统计年鉴》《中国人口和就业统计年鉴》《中国区域经济统计年鉴》以及2003—2017年《全国科技经费投入统计公报》的数据，对信息通信技术影响绿色经济效率的机制之一，即技术创新进行实证检验。结果显示，信息通信技术显著促进了技术创新，在更换技术创新的表示方法，以及采用动态面板模型后发现，这一结论依然成立，表明研究结论具有稳健性。信息通信技术的应用以及发展水平的提升，促进了要素资源的高效流动与整合，提高了资源配置效率和劳动生产率，并加速释放知识和技术的溢出效应，进而有利于提高企业和区域的技术创新水平。同时，技术创新对绿色经济效率具有显著的促进作用，通过稳健性检验，这一研究结论并未发生改变。因此，由实证检验结果可见，技术创新是信息通信技术影响绿色经济效率的机制，信息通信技术可以通过促进技术创新，进而提高绿色经济效率水平，这也验证了第二章中提出的研究假说2。

第二节　影响机制检验之二：产业结构升级

一、信息通信技术与产业结构升级

（一）产业结构升级的概念理解及衡量指标

在概念理解方面，多数研究将产业结构升级等同于产业结构的高级化，也有研究认为，产业结构升级不仅包括产业结构的高级化，还应该包括产业结构的合理化。产业结构高级化是指产业的层次、发展效率及其附加值在不断提高，即处于由低级向高级状态演进的过程。产业结构合理化反映的是各产业之间的协调程度，以及产业发展对要素资源的有效利用程度，一般使用结构偏离系数表示。本书中产业结构升级主要指产业结构由低级向高级的演进过程，体现的是产业结构层次的不断提高，即产业结构的高级化。从三次产业来看，主要是指第一产业向第二、三产业动态演变的过程。同时，各产业的内部也存在产业结构升级，比如在制造业中，劳动和资本密集型产业向技术密集型产业的演变，在服务业中，生产性服务业占比的不断提高。

产业结构升级的衡量指标并不统一，有研究采用第三产业或非农产业产值在整个国民经济中的占比表示产业结构升级。也有研究认为在信息通信技术的推动作用下，社会经济发展呈现经济服务化的趋势，经济服务化是产业结构升级的重要特征，在此过程中，第三产业的增长率比第二产业的增长率更高，因而采用第三产业与第二产业产值之比衡量产业结构升级。还有研究综合考虑了三次产业的比例，以及三次产业分别在产业结构升级中的重要性，进而构建了产业结构升级指数，即 $IS = \sum_{i=1}^{3} P_i \times i$，其中，$i$ 表示三次产业（对应的数值分别为1、2、3），P_i 表示第 i 产业在总产值中的占比。虽然产业结构升级的指标设定存在一定差异，但是从内涵上来看，产业结构升级主要体现了产业由第一产业向第二、三产业的演变。

本节借鉴徐敏、姜勇（2015）和昌忠泽、孟倩（2018）的做法，构建了产业结构升级指数，将其作为产业结构升级的指标。同时，在稳健性检验中，除了选择第三产业与第二产业产值之比，以及第三产业产值在总产值中的比重作为产业结构升级的衡量指标以外，我们还考虑到制造业和服务业各自内部结构的升级，进而选取了相应的指标。具体的，在制造业内部结构升级方面，先是参照已有研究（阳立高等，2018），按照生产要素密集程度，将制造业划分为劳动密集型、资本密集型和技术密集型制造业，其中，技术密集型制造业包括医药、专用设备、汽车、铁路和其他交通运输、电气机械和器材、通信及其他电子设备、仪器仪表设备制造业，其他的制造业属于劳动密集型和资本密集型制造业；然后利用技术密集型制造业占劳动和资本密集型制造业产值的比重表示制造业内部结构升级。在服务业内部结构升级方面，借鉴已有研究（汪伟、刘玉飞、彭冬冬，2015），选择生产性服务业产值占服务业总产值比重表示服务业内部结构升级。因而，在已有研究的基础上，本节不仅实证检验了信息通信技术对三次产业之间结构升级的影响，而且对信息通信技术影响制造业和服务业各自内部结构升级做以进一步检验。

（二）数据、模型与变量

1.数据来源

数据来源、样本选择与第四章相同，在此不再赘述相关内容。

2.模型建立

根据研究所需，建立如下面板数据模型：

$$\mathrm{IND}_{it} = \alpha_0 + \alpha_1 \mathrm{ICT}_{it} + \alpha_2 X_{it} + U_i + T_t + \varepsilon_{it}$$

其中，i 和 t 分别为地区和时间，IND、ICT 分别表示产业结构升级和信息通信技术，X_{it} 为控制变量，α_0 是常数项，U_i 表示地区固定效应，T_t 表示时间固定效应，ε_{it} 表示随机扰动项，$\varepsilon_{it} \sim N\left(0, \sigma^2\right)$。

3.变量的选取与描述性统计

被解释变量：产业结构升级。通过构建产业结构升级指数予以衡量，具体公式为：$\mathrm{IS} = \sum_{i=1}^{3} P_i \times i$，其中，$i$ 和 P_i 分别表示产业的种类、第 i 产业在总产值中的比重。在稳健性检验部分，我们对产业结构升级指标进行更换，具体的，不仅选择了第三产业与第二产业产值之比，以及第三产业产值在总产值中的比重作为产业结构升级的指标，即体现三次产业之间结构升级，而且进一步选取了制造业和服务业各自内部结构升级的指标，以反映产业内部结构升级，进而在不同层面对产业结构升级进行衡量，相应的指标分别为技术密集性制造业产值占劳动和资本密集型制造业产值的比重；生产性服务业与服务业总产值之比，并且根据数据的可得性，选择服务业中交通运输、仓储及邮政业、金融业和批发零售业作为生产性服务业的代表。

解释变量：信息通信技术。

控制变量。为了保持与总体回归方程中控制变量的一致性，本节模型中的控制变量也是与第四章相同，即分别为城镇化、外商直接投资、人力资本、环境规制和财政支出五个控制变量。关于各控制变量的详细阐述可参见第四章相应内容，在此对其不再赘述。

各变量的描述性统计见表5-8。

表5-8　信息通信技术与产业结构升级：变量的描述性统计

变量	最小值	最大值	平均值	标准差	样本数
产业结构升级	2.028	2.801	2.302	0.129	450
信息通信技术	2.100	100	27.680	18.210	450

变量	最小值	最大值	平均值	标准差	样本数
城镇化/%	24.770	89.600	51.730	14.300	450
外商直接投资/亿元	0.607	1703.349	316.008	358.035	450
人力资本/年	6.176	13.460	9.295	1.252	450
环境规制/亿元	3.600	1198.654	145.824	138.861	450
财政支出/亿元	0.013	17.550	1.213	2.087	450

（三）实证分析

1.面板单位根检验

本节利用LLC、Fisher-ADF和Hardri LM三种方法进行面板单位根检验。表5-9显示，三种检验方法中统计量的P值均在1%以下，表明各变量是平稳的，并且是零阶单整的。

表5-9　信息通信技术与产业结构升级：面板单位根检验

变量	LLC		Fisher-ADF		Hardri LM		结论
	t统计量	P值	p统计量	P值	z统计量	P值	
产业结构升级	-5.0614	0.0000	207.5709	0.0000	4.0238	0.0000	平稳
信息通信技术	-7.3944	0.0000	249.0443	0.0000	7.2608	0.0000	平稳
城镇化	-3.3318	0.0004	217.9283	0.0000	7.4487	0.0000	平稳
外商直接投资	-2.8135	0.0025	179.2375	0.0000	6.9934	0.0000	平稳
人力资本	-3.1391	0.0008	163.3091	0.0000	5.5927	0.0000	平稳
环境规制	-2.9951	0.0014	166.0788	0.0000	6.2090	0.0000	平稳
财政支出	-7.7062	0.0000	181.0802	0.0000	9.1441	0.0000	平稳

2.面板协整检验

本节使用Kao检验、Pedroni检验和Westerlund检验三种方法进行面板协整检验。表5-10中，Kao检验、Pedroni检验和Westerlund检验的各统计量均至少在5%的显著性水平上通过了检验，表明各变量之间存在协整关系，因此可以进行回归分析。

表5-10　信息通信技术与产业结构升级：面板协整检验

检验方法	统计量名称	统计量的值	P值
Kao	ADF	1.8296	0.0337
Pedroni	PP	−16.8399	0.0000
	ADF	−9.8850	0.0000
Westerlund	Variance ratio	3.9855	0.0000

3.基本回归

通过逐步增加解释变量和控制变量，实证分析信息通信技术对产业结构升级的影响，每一步的具体回归结果见表5-11。

表5-11中，模型（1）仅控制了信息通信技术变量，回归结果显示，信息通信技术对产业结构升级具有显著的正向影响，信息通信技术水平越高，产业结构层次和水平也越高。信息通信技术具有渗透效应，可以向不同产业渗透，与各产业融合，在此过程中，对传统产业进行改造，并推动了新业态、新模式的产生和发展，进而有利于提高产业发展效率、附加值以及产业结构层次，因此，信息通信技术促进了产业结构升级。

模型（2）在模型（1）的基础上加入了城镇化变量，结果表明，信息通信技术对产业结构升级具有显著的促进作用，并且城镇化也促进了产业结构升级。已有研究发现，城镇化带来了区域劳动力、资本等要素的集聚，通过产生规模效应与竞争效应，进而促进了产业结构升级（李春生，2018）。模型（3）进一步加入了外商直接投资，结果显示，信息通信技术对产业结构升级仍具有显著的正向影响，外商直接投资对产业结构升级的影响为正，但不显著。模型（4）在模型（3）的基础上加入了人力资本变量，结果发现，信息通信技术对产业结构升级具有显著的正向影响，同时，人力资本对产业结构升级具有显著的促进作用。人力资本是产业发展的重要驱动力，人力资本水平的提升有利于提高物质资本、技术等生产要素的利用效率以及劳动生产率，进而推动了产业结构升级。模型（5）、模型（6）分别在模型（4）和模型（5）的基础上控制了环境规制和财政支出变量，结果表明，信息通信技术对产业结构升级依然具有显著的正向作用，环境规制和财政支出对产业结构升级的影响也均为正。环境规制可以迫使技术的改进，对传统产业进行改造，进而促进了产业结构升级，然而在本章中，这一影响并不显著。而财政支出的增加为产业发展提供了资金支持，是知识和技术密集型等高端产业发展的保障，因此，财政支出对产业结构升级具有促进作用。

表5-11　信息通信技术与产业结构升级：基本回归

自变量	因变量:产业结构升级					
	（1）	（2）	（3）	（4）	（5）	（6）
信息通信技术	0.599***	0.393***	0.390***	0.283***	0.281***	0.295***
	(0.027)	(0.054)	(0.055)	(0.055)	(0.056)	(0.054)
城镇化		1.388***	1.359***	0.545	0.536	0.217
		(0.321)	(0.326)	(0.340)	(0.341)	(0.341)
外商直接投资			0.838	0.501	0.332	0.819
			(1.527)	(1.465)	(1.512)	(1.483)
人力资本				0.291***	0.286***	0.265***
				(0.048)	(0.049)	(0.048)
环境规制					1.174	0.317
					(2.549)	(2.500)
财政支出						0.477***
						(0.107)
常数	2.120***	1.639***	1.649***	1.731***	1.738***	1.872***
	(0.008)	(0.111)	(0.113)	(0.109)	(0.110)	(0.112)
样本数	450	450	450	450	450	450
R-squared	0.546	0.565	0.566	0.601	0.602	0.620
F值	503.50***	271.72***	180.95***	156.91***	125.34***	112.48***
P值	0.000	0.000	0.000	0.000	0.000	0.000
F检验	66.71***	39.20***	39.12***	40.86***	40.57***	43.04***
Hausman 检验	58.29***	31.29***	37.62***	43.81***	44.16***	47.80***

　　注：（1）***、**、*分别表示在1%、5%、10%的水平上显著；（2）F检验的原假设是混合回归是可以接受的；（3）（·）内的数值表示标准误差。

4.稳健性检验

利用更换产业结构升级指标和动态面板模型两种方法进行稳健性检验。

在更换产业结构升级的指标方面，先是考虑二次产业之间结构升级的指标，即体现第三产业产值比重的提升。借鉴已有研究，依次将第三产业与第二产业产值之比，以及第三产业产值在总产值中的比重作为产业结构升级的衡量指标，进行回归分析，以检验回归结果的稳健性。表5-12中，模型（1）的因变量为第三产业产值占总产值比重，结果显示，信息通信技术对产业结构升级具有显著的促进作用，并且信息通信技术的回归系数在1%的显著性水平上通过了检验。模型（2）的被解释变量为第三产业产值与第二产业产值占比，回归结果表明，信息通信技术依然显著促进了产业结构升级，同时其回归系数也在1%的水平上显著。

此外，我们进一步考虑制造业和服务业各自内部结构升级，实证检验信息通信技术对其影响。利用技术密集型制造业产值与劳动和资本密集型制造业产值之比衡量制造业内部结构升级；采用生产性服务业在服务业总产值中的比重表示服务业内部结构升级，对应的两个模型回归结果分别见模型（3）[①]和模型（4）。结果显示，信息通信技术对制造业和服务业内部结构升级均具有正向影响，并且其回归系数也都在1%的水平上显著。这表明信息通信技术水平的提高，有利于推动劳动和资本密集型制造业向技术密集型制造业转变，也有助于提升生产性服务业在服务业中的比重。因此，从制造业和服务业内部结构来看，信息通信技术显著促进了制造业和服务业内部结构升级。

通过从三次产业之间结构升级，以及制造业和服务业各自内部结构升级两个方面更换产业结构升级的指标，研究发现，信息通信技术对产业结构升级具有显著的正向影响，表明原始的回归结果是稳健的。

在采用动态面板模型方面，模型（5）、模型（6）分别为利用差分广义矩（Diff-GMM）和系统广义矩（Sys-GMM）的动态面板估计，两种动态面板模型的回归结果均显示，信息通信技术对产业结构升级具有促进作用，并且其回归系数都在1%的水平上显著。因此，信息通信技术对产业结构升级的促进作用具有稳健性。同时，在回归结果中，产业结构升级滞后一期变量的回归系数显著为正，说明前一期的产业结构升级水平对本期具有正

---

① 根据数据的可得性，本书制造业细分行业的数据对应年份是2003-2016年，因此，模型（3）回归分析中的样本数为420个。

向影响。

表 5-12　信息通信技术与产业结构升级：稳健性检验

自变量	更换产业结构升级指标				动态面板模型	
	（1）	（2）	（3）	（4）	（5）	（6）
产业结构升级滞后一期					0.658***	0.824***
					(0.017)	(0.030)
信息通信技术	0.128**	0.202***	0.273***	0.279***	0.152***	0.086***
	(0.052)	(0.015)	(0.094)	(0.093)	(0.012)	(0.009)
城镇化	−0.592*	−0.348***	0.698	0.143**	0.834***	0.943***
	(0.328)	(0.038)	(1.098)	(0.056)	(0.122)	(0.136)
外商直接投资	−0.234	−0.299	0.184	−0.452**	−1.581	−0.326
	(1.429)	(0.733)	(0.139)	(0.228)	(1.112)	(1.144)
人力资本	0.294***	0.213	0.527***	−0.138	−0.106***	−0.094***
	(0.046)	(0.275)	(0.153)	(1.016)	(0.009)	(0.010)
环境规制	0.123	−0.421	0.611***	−0.777	−0.221***	−0.402**
	(0.241)	(1.232)	(0.188)	(0.956)	(0.021)	(0.160)
财政支出	0.558***	0.210***	0.912***	0.107**	0.168***	0.157***
	(0.103)	(0.053)	(0.333)	(0.050)	(0.051)	(0.052)
常数	32.92***	2.003***	−119.2***	3.572***	0.530***	0.112
	(10.800)	(0.222)	(40.000)	(0.253)	(0.071)	(0.072)
Wald chi2					129654.410	33234.850
AR（1）					−4.202	−4.370
					[0.000]	[0.000]
AR（2）					1.037	0.809
					[0.300]	[0.419]
Sargan					28.851	27.940
					[0.226]	[0.995]
P 值	0.000	0.000	0.000	0.000	0.000	0.000
样本数	450	450	420	450	390	420

　　注：（1）***、**、*分别表示在1%、5%、10%的水平上显著；（2）（·）内的数值表示标准误差；（3）[·]内的数值为对应检验的P值。

二、产业结构升级与绿色经济效率

(一)数据、模型与变量

本部分实证分析中的数据来源、样本选择以及模型的基本形式与第四章相同。在变量的选取方面,被解释变量为绿色经济效率,解释变量是产业结构升级,各控制变量与第四章一致,并且第四章和本章第一部分内容对各变量均已进行具体阐述与描述性分析,因而,此处就不再赘述。

(二)基本回归

通过依次加入解释变量和每一个控制变量,得出如表5-13中的回归结果,表中各模型的回归结果均显示,产业结构升级对绿色经济效率具有正向影响,并且其回归系数均在1%的显著性水平上通过了检验。产业结构升级的过程体现了生产要素向生产效率较高部门的自由流动,不仅优化了资源配置,提高了资源利用效率,而且减少了能源消耗和污染排放,是绿色经济效率提升的重要途径。因此,产业结构升级有利于提高绿色经济效率。由于本部分的控制变量同第四章,该章已经阐述了各控制变量对绿色经济效率的影响,因此,本部分不再赘述每一控制变量对绿色经济效率的影响。

表5-13　产业结构升级与绿色经济效率:基本回归

自变量	因变量:绿色经济效率					
	(1)	(2)	(3)	(4)	(5)	(6)
产业结构升级	0.381***	0.427***	0.429***	0.354**	0.347**	0.347**
	(0.143)	(0.150)	(0.149)	(0.148)	(0.147)	(0.147)
城镇化		−0.222	−0.280	−0.623***	−0.705***	−0.740***
		(0.170)	(0.170)	(0.184)	(0.186)	(0.189)
外商直接投资			0.067*	0.084**	0.056	0.059*
			(0.035)	(0.034)	(0.035)	(0.035)
人力资本				7.399***	7.424***	7.566***
				(1.836)	(1.809)	(1.811)
环境规制					0.233***	0.225***
					(0.061)	(0.061)

自变量	因变量:绿色经济效率					
	(1)	(2)	(3)	(4)	(5)	(6)
财政支出						0.371
						(0.327)
常数	−0.441	−0.447	−0.440	−0.761**	−0.720**	−0.716**
	(0.322)	(0.331)	(0.328)	(0.333)	(0.335)	(0.336)
Wald chi2	59.86	62.07	66.28	85.16	103.20	104.93
P值	0.000	0.000	0.000	0.000	0.000	0.000
Log likelihood	358.790	359.671	361.519	369.523	376.699	377.342
样本数	450	450	450	450	450	450

注:(1)***、**、*分别表示在1%、5%、10%的水平上显著;(2)(·)内的数值表示标准误差。

(三)稳健性检验

本节依然利用更换产业结构升级的表示方法和动态面板模型进行稳健性检验。在更换产业结构升级的表示方法方面,先考虑了三次产业之间结构升级的指标,即分别将第三产业与第二产业产值之比,以及第三产业产值在总产值中的比重作为产业结构升级的指标,以进行稳健性检验。表5-14中,模型(1)和模型(2)分别使用第三产业产值占总产值比重、第三产业与第二产业产值之比表示产业结构升级,结果显示,产业结构升级对绿色经济效率具有显著的促进作用,并且产业结构升级的回归系数在1%的水平上显著。

再进一步选择制造业和服务业各自内部结构升级的指标,实证检验其对绿色经济效率的影响,这也是对已有相关研究的补充、完善,具体指标的选择与本章第一部分相同,模型(3)和模型(4)分别汇报了相应的回归结果,结果均显示,产业结构升级对绿色经济效率具有正向影响,并且其回归系数也都在1%的显著性水平上通过了检验,表明从产业内部结构升级来看,制造业和服务业内部结构升级有利于提高绿色经济效率水平。因此,原始的回归结果具有稳健性。

在动态面板模型估计方面，模型（5）和模型（6）为依次采用差分广义矩（Diff GMM）、系统广义矩（Sys-GMM）进行的动态面板模型估计，估计结果显示，产业结构升级对绿色经济效率具有正向影响，且其回归系数也都在1%的水平上显著。由此可见，产业结构升级对绿色经济效率的促进作用具有稳健性。

表5-14　产业结构升级与绿色经济效率：稳健性检验

自变量	更换产业结构升级指标				动态面板模型	
	（1）	（2）	（3）	（4）	（5）	（6）
绿色经济效率滞后一期					0.551***	0.856***
					(0.004)	(0.013)
产业结构升级	0.118***	0.057***	0.144***	0.637***	0.341***	0.279***
	(0.023)	(0.015)	(0.039)	(0.160)	(0.029)	(0.017)
城镇化	−0.379**	−0.604***	−0.476***	−0.853***	−0.130***	0.0726*
	(0.188)	(0.185)	(0.185)	(0.198)	(0.039)	(0.044)
外商直接投资	0.047	0.064*	0.025	0.070**	−0.037***	−0.006
	(0.034)	(0.034)	(0.035)	(0.034)	(0.005)	(0.004)
人力资本	5.934***	7.160***	5.467***	8.099***	1.489***	−0.216
	(1.816)	(1.802)	(1.716)	(1.782)	(0.314)	(0.234)
环境规制	0.200***	0.216***	0.246***	0.224***	0.077***	0.133***
	(0.060)	(0.061)	(0.058)	(0.060)	(0.004)	(0.004)
财政支出	0.445	0.322	0.236	0.474	−0.399***	−0.496***
	(0.320)	(0.324)	(0.300)	(0.322)	(0.032)	(0.054)
常数	−0.0550	−0.186	0.103	−0.289*	−0.667***	−0.609***
	(0.138)	(0.148)	(0.136)	(0.166)	(0.075)	(0.036)
Wald chi2	129.07	114.59	75.17	119.37	165772.18	92892.340
P值	0.000	0.000	0.000	0.0000	0.000	0.000
AR（1）					−1.544	−1.726
					[0.123]	[0.084]
AR（2）					−0.960	−1.061
					[0.337]	[0.289]
Sargan					29.293	29.303
					[0.778]	[0.991]

自变量	更换产业结构升级指标				动态面板模型	
	(1)	(2)	(3)	(4)	(5)	(6)
样本数	450	450	420	450	390	420

注：（1）***、**、*分别表示在1%、5%、10%的水平上显著；（2）（·）内的数值表示标准误差；（3）［·］内的数值为对应检验的P值。

三、简要结论

本节利用2004—2018年《中国统计年鉴》《中国环境统计年鉴》《中国人口和就业统计年鉴》《中国劳动统计年鉴》《中国区域经济统计年鉴》以及各省区市统计年鉴的宏观数据，实证检验了信息通信技术影响绿色经济效率的机制之二——产业结构升级。

通过单位根检验、协整检验以及基本回归后发现，信息通信技术对产业结构升级具有显著的促进作用，信息通信技术水平的提高，有利于推动产业结构趋于高级化。本节通过更换产业结构升级的衡量指标，以及采用动态面板模型之后发现，信息通信技术对产业结构升级依然具有显著的正向作用，研究结论具有稳健性。信息通信技术具有渗透效应，可以与不同产业融合，对传统产业进行改造，提高产业发展效率和附加值，进而促进产业结构升级，不仅体现出第三产业产值在总产值中的比例和重要性得以提高，而且制造业和服务业内部也存在结构升级，即制造业由劳动和资本密集型向技术密集型转变，服务业中的生产性服务业产值比重不断增加。同时，产业结构升级对绿色经济效率具有显著促进作用，在变换产业结构升级指标，并利用动态面板模型进行稳健性检验后发现，这一结论依然成立，产业结构升级有利于促进经济增长和节能减排，进而提高绿色经济效率水平。

因此，本节通过实证检验的方法，证实信息通信技术可以通过促进产业结构升级的方式，进而提高绿色经济效率，即产业结构升级是信息通信技术影响绿色经济效率的机制，这也进一步验证了第二章中提出的研究假说3。

本章小结

在第二章理论分析和第四章实证研究的基础上，本章进一步利用2004—2018年《中国科技统计年鉴》《中国统计年鉴》《中国环境统计年鉴》《中国人口和就业统计年鉴》《中国区域经济统计年鉴》《中国劳动统计年鉴》、2003—2017年《全国科技经费投入统计公报》以及各省区市统计年鉴的宏观数据，并建立面板数据模型，对信息通信技术影响绿色经济效率的两种主要机制——技术创新与产业结构升级进行实证检验。研究发现，信息通信技术显著促进了技术创新和产业结构升级，进一步地，技术创新和产业结构升级有助于提升绿色经济效率水平。在更换技术创新、产业结构升级的衡量指标，以及采用动态面板模型进行稳健性检验后发现，以上的研究结论依然成立，研究结论具有稳健性。因此，实证检验结果表明，信息通信技术能够通过促进技术创新和产业结构升级，进而提高绿色经济效率水平。

信息通信技术通过促进技术创新，提高绿色经济效率水平。信息通信技术具有技术属性和协同效应，信息通信技术的应用以及发展水平的提升，加强了企业各部门之间的协作，并推进区域知识、技术溢出效应的释放，有助于各企业及时获取、学习和吸收外部先进技术，进而提升企业和区域的技术创新水平。而技术创新不仅能够提升劳动力、资本和能源等要素资源的利用效率，而且可以减少能源消耗和污染排放，有利于促进经济增长和节能减排，提高绿色经济效率水平。

信息通信技术通过推动产业结构升级，提高绿色经济效率水平。信息通信技术具有渗透效应，可以向很多产业渗透，与产业融合，对传统产业进行改造，提高产业发展效率和附加值，进而促进了产业结构升级。产业结构升级的过程可以体现出生产要素向生产效率较高部门的自由流动，一方面优化了资源配置，提高资源的利用效率，另一方面减少能源消耗以及污染排放，促进了经济增长和节能减排，进而提高绿色经济效率水平。

本章内容对于第二章中的理论分析作出了实证检验，通过理论分析和实证检验相结合的方式，证实了信息通信技术可以通过促进技术创新和产业结构升级的方式，进而提高绿色经济效率水平，即技术创新和产业结构升级是信息通信技术影响绿色经济效率的两种主要机制。

第六章　信息通信技术对绿色经济效率的空间效应分析

传统计量经济学假设各地区之间不存在相互联系，是独立的，然而在现实中，各地区之间存在着广泛的联系，一般认为，距离越近的地区之间的联系更加紧密。空间计量经济学考虑了各地区之间的空间依赖性和异质性（Anselin，1988），将空间因素纳入计量经济分析中，进而可以从全局视角，更加全面地反映变量之间的关系。结合本书研究，信息通信技术与绿色经济效率均可能存在空间自相关性，因此，研究二者之间的关系，需要进一步考虑空间因素。第四章中的基本回归结果显示，在数字经济背景下，信息通信技术促进了本地绿色经济效率的提升，那么纳入空间因素之后，信息通信技术将如何影响本地绿色经济效率？信息通信技术对不同区域绿色经济效率的影响存在怎样的差异？信息通信技术对相邻地区绿色经济效率是否具有影响以及具有怎样的影响？为了解决这些问题，本章通过引入空间因素，进一步基于数字经济背景，探究信息通信技术对绿色经济效率影响，并对空间效应进行分解。

第一节　空间自相关检验

一、空间权重矩阵

空间权重矩阵的设定是进行空间计量分析的重要前提，它可以反映出空间中不同地区之间的关联程度。空间权重矩阵的一般形式如下：

$$W = \begin{bmatrix} w_{11} & w_{12} & \cdots & w_{1n} \\ w_{21} & w_{22} & \cdots & w_{2n} \\ \vdots & \vdots & \ddots & \vdots \\ w_{n1} & w_{n2} & \cdots & w_{nn} \end{bmatrix}$$

上式中，w_{ij} 为空间权重矩阵 W 中的元素，表示地区 i 和 j 之间的空间依赖和关联程度。

在已有研究中，常用的空间权重矩阵主要有两大类，一是邻接空间权重矩阵，见式（6-1）。邻接空间权重矩阵是通过判断两个地区之间是否具有相邻关系，进而设定空间权重矩阵。具体的，当两个地区相邻时，表明它们之间存在空间相关性，记 $w_{ij} = 1$，反之，不存在空间相关性，记 $w_{ij} = 0$。二是距离空间权重矩阵，包括地理距离空间权重矩阵和经济距离空间权重矩阵。地理距离空间权重矩阵，见式（6-2），即根据两个地区之间的地理距离，建立空间权重矩阵，一般的做法是将空间权重设定为地理距离平方的倒数，若两个地区之间地理距离越远，则空间相关性越小，因此空间权重也越小，反之，则空间权重越大。经济距离空间权重矩阵，见式（6-3），依据不同地区之间经济发展水平的差距设定空间权重矩阵，如果两个地区经济发展水平的差距较小，则赋予较高的权重，即空间权重大小与不同地区之间经济发展水平的差距呈反向变动关系。

$$w_{ij} = \begin{cases} 1, i 与 j 相邻 \\ 0, i 与 j 不相邻 \end{cases} \tag{6-1}$$

$$w_{ij} = \begin{cases} 1/e_{ij}^2, i \neq j \\ 0, i = j \end{cases} \tag{6-2}$$

$$w_{ij} = \begin{cases} 1/\left| \bar{Y}_i - \bar{Y}_j \right|, i \neq j \\ 0, i = j \end{cases} \tag{6-3}$$

其中，i 和 j 表示地区，式（6-2）中的 $1/e_{ij}^2$ 为地区间地理距离的平方，式（6-3）中的 $\bar{Y}_i = \frac{1}{T} \sum_{t=1}^{T} Y_{it}$，表示地区 i 在 t 时间里经济发展水平的平均值，经济发展水平的具体表示指标可以为 GDP、人均收入等。

在以上空间权重矩阵的表示方法中，邻接空间权重矩阵的应用较为广泛，计算过程也比地理距离矩阵和经济距离矩阵简便，并且邻接空间权重矩阵能够较好地表示各地区之间的空间依赖关系。因此，本章主要采用邻接空间权重矩阵的方法，建立了我国 30 个省区市的空间权重矩阵，用于 Moran's I 指数的计算、基本回归分析以及空间效应分解。而在稳健性检验部分，计算了地理距离矩阵和经济距离矩阵，并用其更换基本回归中的邻接空间权重矩阵。

二、Moran's I 指数

在空间权重矩阵确定之后，可以进行空间自相关检验。空间自相关检验方法有 Moran's I 指数和 Geary's C 指数等，已有诸多研究主要采用 Moran's I 指数进行空间自相关检验，Moran's I 指数包括全局 Moran's I 指数和局部 Moran's I 指数两种。

其中，全局 Moran's I 指数的计算公式为：

$$I = \frac{\sum_{i=1}^{n}\sum_{j=1}^{n}w_{ij}(x_i - \bar{x})(x_j - \bar{x})}{S^2\sum_{i=1}^{n}\sum_{j=1}^{n}w_{ij}}$$

而局部 Moran's I 指数的计算公式为：

$$I_i = \frac{x_i - \bar{x}}{S^2}\sum_{j=1}^{n}w_{ij}(x_j - \bar{x})$$

在以上两个公式中，$S^2 = \dfrac{\sum_{i=1}^{n}(x_i - \bar{x})^2}{n}$ 表示样本方差，w_{ij} 为空间权重矩阵中的元素，$\sum_{i=1}^{n}\sum_{j=1}^{n}w_{ij}$ 为所有空间权重之和。

本章主要利用 Moran's I 指数进行空间自相关检验，包括两个部分内容：一是采用全局 Moran's I 指数对信息通信技术与绿色经济效率进行空间自相关检验；二是应用局部 Moran's I 指数和 Moran 散点图对信息通信技术与绿色经济效率的局部集聚情况进行分析。信息通信技术与绿色经济效率的数据分别来自于第三章第一节和第二节中的测算结果。

（一）全局空间自相关

一般来说，Moran's I 指数的值在 -1 到 1 之间，大于 0 表示正空间自相关，即高值与高值相邻，或低值与低值相邻。小于 0 表示负空间自相关，即高值与低值相邻。本章分别计算了 2003—2017 年我国信息通信技术与绿色经济效率的全局Moran's I指数。由表6-1可见，2003—2017年信息通信技术的Moran's I指数均为正值，并且至少在10%的显著性水平通过了检验，同时，Moran's I指数的平均值为0.238，表明信息通信技术具有较强的正空间自相关性。

从绿色经济效率的Moran's I指数来看，一些年份的Moran's I指数显著，而有些年份绿色经济效率的Moran's I指数并不显著，但并不能够据此直接判断所有地区的绿色经济效率均与其相邻地区无关。因为这种空间相关性可能存在于部分地区，或者正负相关相互抵消，这样也可能导致全局自相关在统计上表现出不显著的特征，鉴于此，本章进一步采用其他方法对绿色经济效率进行空间自相关检验。由于本章使用的是空间面板数据，因此借鉴已有研究，将原Moran's I指数计算中所使用的截面空间权重矩阵转换成面板空间权重矩阵，即使用增广空间权重矩阵，此时再计算绿色经济效率的全局Moran's I指数，同时结合Geary's C指数和Getis-Ord's G指数进行空间自相关检验。表6-2中的检验结果显示，Moran's I指数、Geary's C指数和Getis-Ord's G指数均在1%的显著性水平上通过了检验，由此表明，绿色经济效率也存在空间自相关。

表6-1　信息通信技术与绿色经济效率的Moran's I指数

时间/年	信息通信技术		绿色经济效率	
	Moran's I	P值	Moran's I	P值
2003	0.166	0.062	−0.116	0.478
2004	0.157	0.082	−0.115	0.489
2005	0.203	0.036	−0.011	0.821
2006	0.250	0.014	0.083	0.288
2007	0.231	0.018	0.298	0.004
2008	0.244	0.013	0.296	0.004
2009	0.278	0.006	0.199	0.045
2010	0.305	0.003	0.226	0.027
2011	0.315	0.003	0.126	0.155
2012	0.298	0.005	0.103	0.227
2013	0.237	0.020	0.077	0.331

时间/年	信息通信技术		绿色经济效率	
	Moran's I	P值	Moran's I	P值
2014	0.200	0.041	0.074	0.352
2015	0.215	0.029	0.108	0.238
2016	0.228	0.020	0.183	0.075
2017	0.239	0.017	0.280	0.011

表6-2　信息通信技术与绿色经济效率的全局空间自相关检验

指数类型	指标值	期望(E)	标准差(SD)	Z值	P值
Moran's I	0.109	−0.002	0.032	3.495	0.000
Geary's C	0.693	1.000	0.054	−5.676	0.000
Getis-Ord's G	0.008	0.010	0.000	−7.203	0.000

(二)局部空间自相关

局部 Moran's I 指数可以详细地反映出变量在不同区域的空间集聚状况。通过将局部 Moran's I 指数绘制成莫兰散点图，形成了四个象限。其中，第一象限为高值—高值集聚（HH），表示变量存在正空间自相关；第二象限为低值—高值集聚（LH），即变量存在负空间自相关；第三象限为低值—低值集聚（LL），表明变量存在正空间自相关；第四象限为高值—低值集聚（HL），即变量存在负空间自相关。

图 6-1 是 2017 年信息通信技术的省域局部 Moran 散点图。由图可见，信息通信技术的局部 Moran's I 值主要分布在第一、三象限。2017 年，位于高值—高值集聚和低值—低值集聚的地区数量居多，信息通信技术具有高值—高值集聚与低值—低值集聚的特征，高值—高值集聚的地区均属于东部地区，低值—低值集聚的地区主要为中西部地区[①]。由此可见，信息通信技术呈现出东部地区高值集聚与中西部地区低值集聚的状态。东部地区经济发达，地理条件优越，信息通信技术水平普遍较高，并且通过溢出效应带动整个区域信息通信技术水平的提升。而中西部地区经济发展水平相对落后，一些省区市地处偏远地区，制约了区域信息通信技术的发展，整体

---

① 我们通过将 Moran 散点图中的每一个散点对应转化成各具体的省区市时，可得出此结论，下同。

的信息通信技术水平相对低下，因而导致信息通信技术呈现东部地区高值集聚与中西部地区低值集聚的状态。

图6-2是2017年绿色经济效率的省域局部Moran散点图。该图显示，2017年，我国绿色经济效率也呈现高值—高值集聚与低值—低值集聚的特征，绿色经济效率具有正空间自相关，并且高值—高值集聚的地区位于东部地区，而低值—低值集聚的地区主要是中西部地区。东部地区技术创新水平、产业结构层次和发展效率更高，知识和技术密集型产业发达，集聚效应明显，有利于经济增长和节能减排，因此，东部地区绿色经济效率更高，呈现出高值—高值集聚特征。低值—低值集聚主要在中西部地区。近年来中部地区经济快速发展，与此同时，对资源和能源的消耗也大幅增加，并且在承接东部地区的产业转移过程中，引进了一些高污染、高耗能的制造业，进一步加剧了区域污染排放，因而导致中部地区整体的绿色经济效率处于较低水平。西部地区虽然资源环境承载空间更大，但是区域要素投入相对较少，经济基础薄弱，技术水平、产业结构层次及其发展效率较低，因而绿色经济效率水平也普遍低下，呈现出低值—低值集聚的状态。

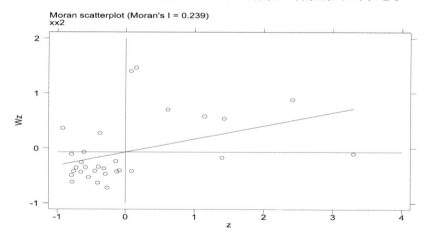

图6-1　2017年信息通信技术省域局部Moran散点图

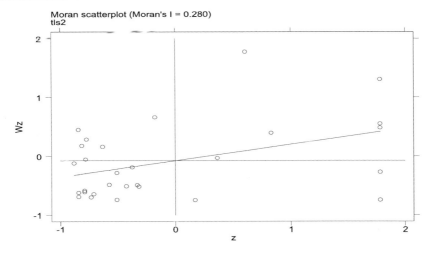

图6-2　2017年我国绿色经济效率局部Moran散点图

第二节　数据、变量选取与模型设定

一、数据来源与变量选取

为了保证研究的一致性以及可比性，本节内容中的数据来源、样本筛选，被解释变量、解释变量以及各控制变量的选择均与第四章相同，因而，在此就不再赘述相关的内容。

二、模型的设定

（一）普通面板模型的LM检验

为了进一步检验加入空间因素的合理性，本章对普通面板模型进行LM检验，具体见表6-3。检验结果显示，空间滞后的LM及其稳健LM统计量均至少在5%的显著性水平上拒绝模型无空间滞后的原假设，空间误差的LM与稳健LM统计量都在1%的显著性水平上拒绝模型无空间误差的原假设，因此，验证了模型考虑空间因素的合理性，即可以选择使用空间面板模型。

表6-3　普通面板模型的LM检验

检验方法		统计量的值	P值
Spatial error	Lagrange multiplier	5.824	0.016
	Robust Lagrange multiplier	32.170	0.000
Spatial lag	Lagrange multiplier	12.613	0.000
	Robust Lagrange multiplier	38.959	0.000

（二）空间面板模型的基本形式

常用的空间面板模型主要有三种，即空间杜宾模型（SDM）、空间滞后模型（SAR）和空间误差模型（SEM）。不考虑个体效应和时间效应时，三种空间面板模型的基本形式如下：

空间杜宾模型（SDM）：

$$y = \alpha Wy + X\beta + WX\delta + \tau_n \varphi + \omega$$

空间滞后模型（SAR）：

$$y = \alpha Wy + X\beta + \tau_n \varphi + \omega$$

空间误差模型（SEM）：

$$y = X\beta + \tau_n \varphi + \varepsilon$$

$$\varepsilon = \lambda W\varepsilon + \omega$$

在三种空间面板模型中，当 $\delta = 0$ 时，空间杜宾模型可以简化成空间滞后模型；而当 $\delta + \alpha\beta = 0$ 成立时，空间杜宾模型可简化成空间误差模型。至于哪一种空间面板模型最适合本章的研究，则需要进行Wald检验和LR检验。表6-4中的检验结果显示，Wald检验和LR检验的统计量均在1%的显著性水平拒绝了原假设，表明空间杜宾模型不能简化成空间滞后模型和空间误差模型，因此，应选择空间杜宾模型（SDM）进行回归分析。

表6-4　空间面板模型的Wald检验和LR检验

检验方法	统计量的值	P值
Wald_spatial_lag	54.84	0.000
LR_spatial_lag	52.16	0.000
Wald_spatial_error	60.30	0.000
LR_spatial_ error	55.85	0.000

（三）双固定效应模型检验

Hausman 检验结果显示，应拒绝随机效应的原假设，进而采用固定效应模型。由于固定效应模型包括个体固定效应、时间固定效应和双固定效应三种类型，因此，仍需要进一步检验以选择合适的模型。个体效应与时间效应的 LR 检验显示（具体结果见表6-5），LR 检验的统计量在1%的显著性水平拒绝仅有个体效应、时间效应的原假设，因此，应选择兼具个体效应和时间效应的双固定效应空间面板模型。根据上述的检验结果，本章主要选择了双固定效应的空间杜宾模型进行实证分析。在基本形式基础上加入个体效应、时间效应和控制变量后，空间杜宾模型的具体设定形式以及变量的解释如下：

$$y_{it} = \alpha \sum_{j=1}^{n} w_{ij} y_{it} + X_{it}\beta + \delta \sum_{j=1}^{n} w_{ij} X_{it} + Z_{it}\varphi + \theta \sum_{j=1}^{n} w_{ij} Z_{it} + u_i + \eta_t + \omega_{it}$$

其中，y_{it}、X_{it} 分别表示被解释变量和解释变量，具体是指绿色经济效率、信息通信技术，Z_{it} 为控制变量，即城镇化、外商直接投资、人力资本、环境规制和财政支出。α 为被解释变量的空间自相关系数，β、φ 表示解释变量和控制变量的系数，δ、θ 为解释变量和控制变量的空间溢出系数，w_{ij} 为空间权重矩阵中的元素，μ_i 和 η_t 分别表示个体效应和时间效应，ω_{it} 为随机扰动项，且 $\omega_{it} \sim N(0, \sigma_u^2 I_n)$。

表6-5　Hausman 检验、个体固定效应和时间固定效应的LR检验

检验方法		统计量的值	P值
Hausman 检验		13.23	0.040
LR 检验	个体固定效应	75.69	0.000
	时间固定效应	649.85	0.000

（四）空间杜宾模型的空间效应分解

借鉴已有研究（Lesage & Pace，2009），将空间杜宾模型的空间效应进行分解，可以看出各种效应在模型中的公式表示，并明晰其具体含义。根据空间杜宾模型的一般形式：

$$y = \alpha W y + X\beta + WX\delta + \tau_n \varphi + \omega$$

进而 $y = (I_n - \alpha W)^{-1}(X\beta + WX\delta) + (I_n - \alpha W)^{-1}(\tau_n \varphi + \omega)$ 　　(6-4)

令 $\quad V(W) = \left(I_n - \alpha W\right)^{-1} = I_n + \alpha W + \alpha^2 W^2 + \alpha^3 W^3 + \cdots$

则式（6-4）可化为：

$$y = V(W)\left(X\beta + WX\delta\right) + V(W)\left(\tau_n\varphi + \omega\right) \qquad (6\text{-}5)$$

进一步化为：

$$y = \sum_{r=1}^{k} S_r(W)x_r + V(W)\tau_n\varphi + V(W)\omega \qquad (6\text{-}6)$$

将式（6-6）展开可得：

$$
\begin{pmatrix} y_1 \\ y_2 \\ \vdots \\ y_n \end{pmatrix} = \sum_{r=1}^{k}
\begin{pmatrix}
S_r(W)_{11} & S_r(W)_{12} & \cdots & S_r(W)_{1n} \\
S_r(W)_{21} & S_r(W)_{22} & \cdots & S_r(W)_{2n} \\
\vdots & \vdots & \ddots & \vdots \\
S_r(W)_{n1} & S_r(W)_{n2} & \cdots & S_r(W)_{nn}
\end{pmatrix}
\begin{pmatrix} x_{1r} \\ x_{2r} \\ \vdots \\ x_{nr} \end{pmatrix}
+ V(W)\tau_n\varphi + V(W)\omega
$$

上式中的 $\begin{pmatrix} S_r(W)_{11} & S_r(W)_{12} & \cdots & S_r(W)_{1n} \\ S_r(W)_{21} & S_r(W)_{22} & \cdots & S_r(W)_{2n} \\ \vdots & \vdots & \ddots & \vdots \\ S_r(W)_{n1} & S_r(W)_{n2} & \cdots & S_r(W)_{nn} \end{pmatrix}$ 即为偏微分矩阵，在其内部元

素中，$\dfrac{\partial y_i}{\partial x_{ir}} = S_r(W)_{ii}$ 为直接效应，表示第 r 个变量的变动对本地被解释变量的

平均影响程度；$\dfrac{\partial y_i}{\partial x_{jr}} = S_r(W)_{ij}$（其中 $i \neq j$）为间接效应，能够反映出第 r 个变

量的变动对相邻地区被解释变量的平均影响程度，二者之和即为总效应。

第三节　基本回归结果与稳健性检验

一、基本回归结果

表6-6显示了空间杜宾模型（SDM）的基本回归结果，同时为了进行比较，本章也汇报了空间滞后模型（SAR）和空间误差模型（SEM）的基本回归结果。在三个模型中，空间杜宾模型的 Log likelihood 值和 R^2 值均最大，表明该模型的拟合程度最好，据此也可以说明，选择空间杜宾模型进行回归分析是最为合适的。空间杜宾模型的回归结果显示，信息通信技术的回

归系数为正，并且在1%的显著性水平上通过了检验，表明信息通信技术对绿色经济效率具有显著的促进作用，具体来说，信息通信技术每增加1%，绿色经济效率提高0.936个百分点。信息通信技术水平的提升，有利于推动技术创新以及产业结构升级，促进经济增长和节能减排，因而对绿色经济效率具有正向影响。在各控制变量中，城镇化对绿色经济效率具有显著的负向影响，城镇化水平每上升1个百分点，绿色经济效率降低1.103%。表明随着城镇化的快速发展，社会生产中长期粗放型的发展方式，导致资源过度消耗以及环境污染加剧，因而降低了绿色经济效率水平。外商直接投资对绿色经济效率具有促进作用，但并不显著。外商直接投资具有资本积累、知识和技术溢出效应，在考虑空间因素后，外商直接投资对本地绿色经济效率的正向影响并不显著。人力资本对绿色经济效率具有正向影响，并且在5%的显著性水平上通过了检验，人力资本水平每提高1%，绿色经济效率增加4.152个百分点。人力资本水平的提升，促进了企业对先进技术的吸收与应用，提高了劳动生产率，有助于推动技术创新和产业结构升级，因此对绿色经济效率产生正向影响。环境规制和财政支出对绿色经济效率均具有显著的促进作用，具体的，环境规制和财政支出分别每增加1个百分点，绿色经济效率依次提高0.120%和0.963%。环境规制可以引发企业的"创新补偿"效应，推进企业的技术改进，在提高生产效率的同时，减少污染排放，进而提升了绿色经济效率水平。财政支出的增加，表明政府为地区经济发展提供了更多的资金支持，在中央和地方都在加强生态文明建设的背景下，政府财政支出的方向主要向科技创新、节能环保等方面倾斜，促进高技术产业和环保产业的发展，因而有利于推动地区绿色经济效率水平的提升。

表6-6 三种空间面板模型的基本回归结果

自变量	因变量:绿色经济效率		
	空间杜宾模型（SDM）	空间滞后模型（SAR）	空间误差模型（SEM）
信息通信技术	0.936***	0.979***	0.936***
	(0.127)	(0.129)	(0.121)
城镇化	−1.103***	−0.882***	−0.890***
	(0.189)	(0.199)	(0.194)

自变量	因变量:绿色经济效率		
	空间杜宾模型（SDM）	空间滞后模型（SAR）	空间误差模型（SEM）
外商直接投资	0.036	0.040	0.0522
	(0.032)	(0.033)	(0.0333)
人力资本	4.152**	4.708***	5.986***
	(1.716)	(1.788)	(1.765)
环境规制	0.120**	0.180***	0.184***
	(0.054)	(0.056)	(0.0547)
财政支出	0.963***	0.869***	1.014***
	(0.299)	(0.300)	(0.310)
W×信息通信技术	−0.247		
	(0.252)		
W×城镇化	−0.636		
	(0.407)		
W×外商直接投资	0.356***		
	(0.071)		
W×人力资本	15.91***		
	(3.029)		
W×环境规制	0.058		
	(0.067)		
W×财政支出	2.213***		
	(0.581)		
Log likelihood	512.142	482.069	485.038
样本数	450	450	450
R²	0.136	0.130	0.120

注：（1）***、**、*分别表示在1%、5%、10%的水平上显著；（2）（·）内的数值表示标准误差。

二、稳健性检验

本章采用两种方法进行稳健性检验，一是更换空间权重矩阵，将基本回归中的邻接空间权重矩阵更换为地理距离空间权重矩阵、经济距离空间权重矩阵。参照已有研究，使用省会城市的经纬度距离，再根据式（6-2）

计算地理距离空间权重矩阵；选择人均GDP指标，然后利用式（6 3）计算出经济距离空间权重矩阵。二是更换信息通信技术的衡量指标，具体选择互联网普及率、宽带接入端口比率、CN域名持有量三个与互联网应用和发展相关的指标，用其分别衡量信息通信技术。稳健性检验中仍然选择双固定效应的空间杜宾模型进行回归分析，回归结果依次见表6-7中的模型（1）至模型（5）。五个模型的回归结果均显示，控制了城镇化、外商直接投资、人力资本、环境规制以及财政支出五个变量后，信息通信技术对绿色经济效率依然具有正向影响，并且其回归系数都在1%的水平上显著。由此表明，信息通信技术对绿色经济效率的促进作用是稳健的。

表6-7　空间杜宾模型回归结果的稳健性检验

自变量	更换空间权重矩阵		更换信息通信技术的衡量指标		
	(1)地理距离空间权重矩阵	(2)经济距离空间权重矩阵	(3)互联网普及率	(4)宽带接入端口比率	(5)CN域名持有量
信息通信技术	0.801***	0.571***	0.659***	0.377***	0.858***
	(0.123)	(0.143)	(0.124)	(0.073)	(0.312)
城镇化	−0.898***	−0.567***	−1.363***	−1.510***	−1.236***
	(0.201)	(0.196)	(0.190)	(0.239)	(0.197)
外商直接投资	0.060*	−0.009	0.057*	0.028	0.033
	(0.033)	(0.034)	(0.032)	(0.028)	(0.034)
人力资本	2.515	2.909*	5.035***	5.059***	6.689***
	(1.787)	(1.750)	(1.741)	(1.554)	(1.742)
环境规制	0.146***	0.119**	0.163***	0.071	0.183***
	(0.054)	(0.056)	(0.054)	(0.044)	(0.056)
财政支出	0.681**	0.489	0.552*	0.433*	0.708**
	(0.285)	(0.324)	(0.306)	(0.238)	(0.312)
W×信息通信技术	已控制	已控制	已控制	已控制	已控制
W×控制变量	已控制	已控制	已控制	已控制	已控制
Log likelihood	512.032	505.964	504.000	510.873	491.107
样本数	450	450	450	360	450
R^2	0.127	0.167	0.186	0.213	0.145

注：（1）***、**、*分别表示在1%、5%、10%的水平上显著；（2）（·）内的数值表示标准误差。

第四节 区域差异分析与空间效应分解

一、考虑空间因素的区域差异分析

本节依然采用双固定效应空间杜宾模型，实证分析信息通信技术对我国东部、中部和西部绿色经济效率影响的区域差异，回归结果见表6-8。结果显示，信息通信技术对东部、中部和西部绿色经济效率均具有显著的促进作用，但是影响程度存在区域差异。信息通信技术对东部地区绿色经济效率的促进作用最大，中部地区次之，西部地区最小。具体而言，信息通信技术水平每上升1个百分点，东部地区绿色经济效率将提高0.831个百分点，中部地区绿色经济效率提升0.815个百分点，而西部地区绿色经济效率增加0.620个百分点。这从空间视角进一步验证了信息通信技术对东部绿色经济效率的促进作用大于中西部的结论。可能的原因是，一方面，信息通信技术具有网络效应，信息通信技术水平越高，区域内不同个体、企业之间的空间网络联系更加紧密，促进了知识和技术的传递，信息通信技术释放的正向效应更大。东部地区信息通信技术水平明显高于中西部，因而，信息通信技术对东部地区绿色经济效率的正向影响更大。另一方面，东部地区信息通信技术人才更多，对信息通信技术应用能力强。专业技术人才为信息通信技术正向效应的释放提供了有利条件，进一步强化了对信息通信技术的吸收、应用，提高信息通信技术的利用效率及其应用水平，因此，信息通信技术对东部地区绿色经济效率的促进作用更大。

表6-8 信息通信技术对东中西绿色经济效率的影响

自变量	因变量:绿色经济效率		
	东部	中部	西部
信息通信技术	0.831***	0.815***	0.620***
	(0.185)	(0.252)	(0.222)
城镇化	-0.772***	0.579*	-0.009
	(0.290)	(0.300)	(0.148)
外商直接投资	0.143**	-0.014	0.107*

自变量	因变量:绿色经济效率		
	东部	中部	西部
	(0.056)	(0.051)	(0.063)
人力资本	5.602	−0.147	0.0635
	(3.651)	(1.883)	(1.561)
环境规制	−0.112***	0.099	0.063
	(0.026)	(0.081)	(0.146)
财政支出	1.171**	−0.149	0.717**
	(0.525)	(0.274)	(0.346)
W×信息通信技术	−0.592**	−1.608***	0.088
	(0.233)	(0.434)	(0.533)
W×城镇化	0.618	−1.239*	0.231
	(0.469)	(0.692)	(0.330)
W×外商直接投资	0.014	0.231*	0.141
	(0.087)	(0.138)	(0.164)
W×人力资本	3.303	2.528	5.707
	(4.350)	(3.259)	(3.505)
W×环境规制	0.011	0.366**	0.861***
	(0.031)	(0.163)	(0.312)
W×财政支出	−0.263	0.197	2.260**
	(0.743)	(0.503)	(1.073)
Log likelihood	112.488	268.893	276.630
样本数	180	135	135
R^2	0.449	0.262	0.113

注:（1）***、**、*分别表示在1%、5%、10%的水平上显著；（2）（·）内的数值表示标准误差。

二、空间效应分解的实证结果分析

信息通信技术不仅对本地区绿色经济效率具有影响，即直接效应，还可以产生空间溢出效应，对相邻地区的绿色经济效率产生影响，即间接效应。因此，本章进一步对空间杜宾模型的空间效应进行分解，旨在探究信息通信技术对绿色经济效率的直接效应、间接效应以及总效应。同时，也分析各控制变量对绿色经济效率的空间效应。空间效应分解的具体结果见表6-9。

结果显示，信息通信技术对绿色经济效率具有显著的正向直接效应和负向间接效应，并且直接效应系数为0.955，在1%的显著性水平上通过了检验，间接效应系数为-0.392%，在10%的水平上显著。表明信息通信技术对本地的绿色经济效率具有显著的促进作用，而对相邻地区绿色经济效率具有抑制作用。可能的原因是，一个地区信息通信技术水平的提升，会产生虹吸效应与竞争效应，吸引了周边地区劳动力、资金和技术等要素资源的流入与集聚，在一定程度上削弱了相邻地区劳动力、资金和技术等要素规模及其集聚水平，而这些要素对绿色经济效率具有积极影响，因此，本地信息通信技术制约了相邻地区绿色经济效率水平的提高。这也可以为东部与中西部地区绿色经济效率差距的扩大提供一种解释。东部地区信息通信技术和经济发展水平更高，进一步吸引了中西部地区要素资源的流入和集聚，进而导致东部与中西部之间绿色经济效率的差距扩大。此外，空间效应分解结果还显示，信息通信技术对绿色经济效率的直接效应大于间接效应，因而总效应是正向的，即从整体上来看，信息通信技术对绿色经济效率具有促进作用。

在各控制变量对绿色经济效率的空间效应分解方面，城镇化对绿色经济效率的直接效应、间接效应均为负，直接效应和总效应系数均通过了1%的显著性水平检验，而间接效应系数不显著。可能的原因是，在城镇化过程中，粗放型的经济发展方式消耗了大量的要素资源，同时产生了较多的废水、废气等污染物，因而降低了本地的绿色经济效率水平。本地的城镇化水平对相邻地区绿色经济效率并未产生显著影响。外商直接投资对绿色经济效率具有正向影响，其直接效应和间接效应系数都为正，并且间接效应系数在1%的水平上显著。这表明外商直接投资具有正向的空间溢出效应，通过知识和技术的外溢，提高了相邻地区绿色经济效率水平。人力资本的直接效应、间接效应系数为正，且均通过了检验。人力资本对本地绿色经济效率产生正向影响，同时，还可以通过与相邻地区之间的学习和交流，带动相邻地区人力资本水平的提升，进而对相邻地区绿色经济效率也具有促进作用。环境规制的直接效应系数为正，并且在5%的显著性水平上通过了检验，间接效应系数也为正，但不显著。环境规制可以迫使本地企业的技术改进，推动技术创新与产业结构升级，因此，促进了本地绿色经济效率水平的提升，而本地的环境规制对相邻地区绿色经济效率并没有产生显著影响。财政支出的直接效应与间接效应系数均为正，并且都通过了1%的显著性水平检验，显示出财政支出对本地和相邻地区绿色经济效率均具有正向影响。财政支出的增加，一方面，为高技术产业以及环保产业的发展提供了资金支持，有利于本地经济增长与节能减排，提高本地的绿色经济效率水平，另一方面，可以产生示范效应，促进相邻地区财政支出的增加，进而提升相邻地区绿色经济效率水平。

表6-9　空间杜宾模型的空间效应分解

变量	直接效应	间接效应	总效应
信息通信技术	0.955***	−0.392*	0.563***
	(0.130)	(0.207)	(0.193)
城镇化	−1.084***	−0.344	−1.428***
	(0.191)	(0.361)	(0.360)
外商直接投资	0.019	0.302***	0.321***
	(0.030)	(0.063)	(0.070)
人力资本	3.346*	13.000***	16.350***
	(1.742)	(2.615)	(2.737)
环境规制	0.121**	0.026	0.147**
	(0.055)	(0.057)	(0.069)
财政支出	0.856***	1.726***	2.581***
	(0.302)	(0.453)	(0.565)

注：（1）***、**、*分别表示在1%、5%、10%的水平上显著；（2）（·）内的数值表示标准误差。

本章小结

本章利用2004—2018年《中国统计年鉴》《中国环境统计年鉴》《中国劳动统计年鉴》《中国人口和就业统计年鉴》《中国区域经济统计年鉴》以及各省区市统计年鉴的宏观数据，计算了我国信息通信技术与绿色经济效率的 Moran's I 指数，以对信息通信技术与绿色经济效率进行空间自相关检验，并且通过绘制 Moran 散点图，进一步反映二者的空间集聚状况。此外，本章主要采用了双固定效应的空间杜宾模型，基于数字经济背景，实证分析信息通信技术对绿色经济效率的空间效应，同时对空间效应进行了分解。本章研究得出以下三点主要结论。

第一，空间自相关性检验。信息通信技术与绿色经济效率呈现高值—高值集聚与低值—低值集聚的特征，二者均存在正空间自相关。

第二，基本回归结果与区域差异比较。从全国样本来看，信息通信技术对绿色经济效率具有显著的促进作用。从三大区域来看，信息通信技术对东部、中部和西部绿色经济效率的影响均显著为正，并且，信息通信技术对东部地区绿色经济效率的促进作用大于中西部地区。这也是基于空间视角对第四章的基本结论做检验。

第三，空间效应分解。信息通信技术对绿色经济效率的直接效应为正，间接效应为负，并且均通过了显著性检验，同时直接效应大于间接效应，总效应为正。这表明信息通信技术对本地绿色经济效率的影响具有显著的促进作用，而对相邻地区绿色经济效率具有抑制作用。某一地区信息通信技术水平的提高，可能会产生虹吸效应和竞争效应，吸引了周边地区的劳动力、资金和技术等要素资源，进而降低了相邻地区的要素集聚水平，因此阻碍了相邻地区绿色经济效率水平的提高。

第七章　主要结论、政策建议与研究展望

第一节　主要结论

本书基于网络效应理论、创新理论、内生增长理论以及绿色增长理论，利用文献分析、比较分析、效率分析、综合分析、宏观经济分析和空间计量分析方法，基于数字经济背景，实证研究了信息通信技术对绿色经济效率的影响，并检验了信息通信技术对绿色经济效率的影响机制，主要得出以下结论。

一、基于数字经济背景的信息通信技术对绿色经济效率的影响

计量分析发现，从全国样本来看，信息通信技术对绿色经济效率具有显著的促进作用。从三大区域来看，信息通信技术对东部、中部和西部绿色经济效率的促进作用存在显著差异，信息通信技术对东部地区绿色经济效率的促进作用最大，中部次之，西部最小。具体的，信息通信技术水平每提高1%，东部、中部和西部地区绿色经济效率水平分别增加0.769、0.670和0.589个百分点。

信息通信技术水平，以及信息通信技术应用能力的区域差异为这一现象提供了解释。在信息通信技术水平方面，理论分析表明，信息通信技术具有网络效应，在信息通信技术处于较高水平时，其释放的正向效应及其创造的价值更大。东部地区信息通信技术水平高于中西部地区，区域中不同个体、企业之间的交流、分工更加便捷，形成了高密度的空间联系网络，各种知识、技术等信息的传递和分享也更加高效，大幅推进区域技术创新和产业结构升级，因此对绿色经济效率的促进作用更大。在信息通信技术

的应用能力方面，信息通信技术人才对信息通信技术的应用能力具有积极影响。信息通信技术人才规模越大，信息通信技术被应用得越充分，其释放的正向效应以及对绿色经济效率的促进作用更大。东部地区信息通信技术人才规模明显高于中西部，因此，该区域对信息通信技术的应用更加充分、高效，信息通信技术对东部地区绿色经济效率的促进作用会更大。

现阶段，中西部地区不仅需要加强信息通信基础设施建设的投入力度，推进互联网、大数据和云计算等新一代信息通信技术的发展，不断提升区域信息通信技术水平，缩小与东部地区之间的数字鸿沟，而且应进一步增加教育投资，提升居民教育和人力资本水平，并且加大对信息通信技术人才的引进与培养力度，增强对信息通信技术的吸收、应用能力。即中西部地区在提升区域信息通信技术水平的同时，要对信息通信技术予以充分、高效利用，在较大程度上发挥信息通信技术的积极效应，以提高区域绿色经济效率水平。

二、信息通信技术对绿色经济效率的影响机制

理论分析和计量分析均发现，信息通信技术对绿色经济效率的影响机制主要有以下两种：

第一，信息通信技术通过促进技术创新，进而提高绿色经济效率水平。信息通信技术具有技术属性和协同效应，信息通信技术的应用以及发展水平的提升，增强了企业生产、销售和流通等部门和环节之间的联系，提升各部门之间协作效率，并加速区域知识、技术的外溢，推进知识和技术溢出效应的释放，有助于各企业及时获取、学习和吸收外部先进技术，提升企业乃至整个区域的技术创新水平。而技术创新不仅能够提升劳动力、资本和能源等要素资源的利用效率，而且可以减少能源消耗和污染排放，促进经济增长和节能减排，进而提高绿色经济效率水平。

第二，信息通信技术通过推动产业结构升级，以提高绿色经济效率水平。信息通信技术具有渗透效应，可以向不同产业渗透，与各产业融合，提高产业发展效率和附加值，进而促进产业结构升级。这不仅体现出三次产业之间结构升级，即第三产业产值在总产值中的比重和重要性提升，而且包括了制造业和服务业内部结构升级，即劳动和资本密集型制造业向技

术密集型制造业的转变，生产性服务业在服务业总产值中的比重提升。产业结构升级反映了生产要素向生产效率较高部门的自由流动，在此过程中，资源配置和利用效率得以提升，并且减少了能源消耗和污染排放，因而有利于促进经济增长和节能减排，提高绿色经济效率水平。

在上述两种影响机制的实证检验方面，本书通过单位根检验、协整检验以及基本回归后发现，信息通信技术对技术创新和产业结构升级均具有显著的促进作用，进一步地，技术创新和产业结构升级有利于提升绿色经济效率水平，经过多种方式的稳健性检验之后发现，以上结论依然成立。由此表明，信息通信技术可以通过促进技术创新和产业结构升级，进而提高绿色经济效率水平，即信息通信技术对绿色经济效率的影响机制通过了实证检验。

三、基于数字经济背景的信息通信技术与区域数字鸿沟

信息通信技术的描述性统计发现：

第一，信息通信技术水平的变化趋势。从总体上看，我国以及各地区信息通信技术快速发展，信息通信技术水平呈现上升趋势。在数字经济背景下，国家对互联网、大数据、云计算和人工智能等新一代信息通信技术的重视程度在不断加强，已出台了一系列相关政策文件，因此，信息通信技术的发展面临良好的政策契机，我国以及各地区的信息通信技术水平仍将得以进一步提升。

第二，信息通信技术水平的区域差异。从东中西三大区域比较来看，东部地区信息通信技术水平明显高于中西部地区，中西部地区之间的信息通信技术水平差距较小。在信息通信技术的增速方面，中西部地区信息通信技术的增速快于东部，因此，中西部与东部之间信息通信技术水平的差距趋于缩小。从胡焕庸线两侧的比较来看，胡焕庸线东部地区信息通信技术水平高于西部地区，但是胡焕庸线西部地区信息通信技术的增速更快，两侧信息通信技术水平的差距也在缩小。

第三，区域数字鸿沟。从总体上来看，我国各省区市之间、东中西三大区域之间、三大区域内部的各省区市之间、胡焕庸线两侧及其内部各省区市之间的数字鸿沟均呈现缩小的趋势。这充分说明，在国家和各地区的政策支持下，信息通信技术相对落后地区通过发挥后发优势，加快了信息

通信技术的发展步伐，进而逐渐缩小了与发达地区之间的数字鸿沟。

四、绿色经济效率及其区域差异

绿色经济效率的描述性统计发现：

第一，绿色经济效率的总体变化趋势。我国绿色经济效率呈现波动上升的趋势，并且在2015年以后，绿色经济效率在逐年上升，发展势头较好。这体现出，十八大以来，随着国家对生态文明建设重视程度的不断加强，我国生态文明建设已经取得了良好的成效。

第二，东中西三大区域绿色经济效率的差距变化。我国东部绿色经济效率明显高于中西部，并且东部与中西部之间绿色经济效率的差距在逐渐扩大。东部地区技术水平、人力资本、产业结构层次和经济基础等条件优于中西部地区，这些因素极大地促进了东部地区绿色经济效率的提升。而中西部地区在国家政策支出和承接东部地区产业转移的过程中，经济快速增长，同时对资源的消耗也在增加，环境污染不断加剧，进而导致中西部地区绿色经济效率的增速减缓，区域绿色经济效率仍处于较低水平。

第三，省际之间绿色经济差距变化。从全国层面和三大区域内部层面来看，我国省际之间绿色经济效率的差距均呈现先缩小后扩大的变化特征，并且近年来呈现逐渐扩大的趋势。反映出从绿色经济效率的视角来看，近年来，我国各地区之间的差距在逐渐扩大。

以上结论给我们带来了一些启示，一直以来，人们利用以GDP为代表的指标衡量区域经济发展水平，可以看到在一系列国家政策和战略的强力支持下，我国中西部地区的基础设施、产业发展等投资不断增加，经济快速增长，与东部地区经济发展水平的相对差距在逐渐缩小。然而，当综合考虑到经济、资源和环境因素后，我们发现，东部与中西部地区之间绿色经济效率的差距依然在扩大，因此，基于提高区域绿色经济效率水平的考虑，我们应该对中西部地区现存的经济发展方式重新深入思考。在新时期，中西部地区需要进一步转变经济发展方式，在促进经济增长的同时，要兼顾资源和环境因素。在承接产业转移方面，中部应有选择性地承接东部地区的产业转移，并通过营造良好的营商环境，实施税收优惠政策等方式，加强对绿色、低碳以及高技术产业的引进，减少高污染、高耗能产业比重，促进中部绿色经济的崛起。西部地区应借助"一带一路"国家战略，加强交通基础设施建设，为产业发展搭建良好基础，并促进绿色环保产业的发展。与此同时，中西部地区可以通过技术创新和产业结构升级的方式，提高区域资源利用效率，减少环境污染，进而提升区域绿色经济效率水平，促进区域经济高质量发展。

五、基于数字经济背景的信息通信技术对绿色经济效率空间效应

空间计量分析发现：

第一，空间自相关检验显示，信息通信技术与绿色经济效率呈现高值—高值集聚与低值—低值集聚的特征，并且高值—高值集聚的地区主要在东部，而低值—低值集聚主要为中西部地区。信息通信技术与绿色经济效率均存在正空间自相关。

第二，考虑空间因素后，信息通信技术对绿色经济效率依然具有显著的正向影响，同时，信息通信技术对东部绿色经济效率的促进作用高于中西部地区，这进一步从空间视角对第四章的实证结论做检验。

第三，将信息通信技术对绿色经济效率的空间效应进行分解后发现，信息通信技术对绿色经济效率的直接效应为正，间接效应为负，总效应为正。表明信息通信技术对本地绿色经济效率具有显著的促进作用，然而对相邻地区绿色经济效率具有抑制作用。当某一地区的信息通信技术水平提高时，会产生虹吸效应和竞争效应，吸引了相邻地区劳动力、资金和技术等要素的流入，降低相邻地区此类要素的集聚水平和竞争力，进而制约了其绿色经济效率水平的提升。因此，对于绿色经济效率较为落后的中西部地区来说，要进一步提升本区域的信息通信技术水平，不断吸引劳动力、资金和技术等要素的流入与集聚，提高区域绿色经济效率水平。

第二节　政策建议

本书描述了信息通信技术与绿色经济效率的现状与变化特征，在数字经济背景下，理论分析和实证研究信息通信技术对绿色经济效率影响。根据研究的结论，并结合数字经济背景，本书从加强信息通信基础设施建设，

发展新一代信息通信技术，强化对信息通信技术的吸收和应用，以及提高区域信息通信技术和绿色经济效率水平等方面，提出以下四点政策建议。

一、加强宽带网络基础设施建设，缩小区域数字鸿沟

现阶段，我国区域数字鸿沟依然较大，信息通信技术水平的测算结果显示，2017年北京信息通信技术水平最高，为100，是西藏的2.89倍。其中，在互联网普及率方面，2017年北京为78%，而西藏仅为42%，区域之间存在明显的数字鸿沟。宽带网络基础设施建设是信息通信技术普及、应用的基础和根本条件，在很大程度上决定了区域信息通信技术的应用和发展水平。与东部地区相比，我国中西部地区信息通信技术水平相对落后，其中，有很多农村地区的宽带网络基础设施建设成本高，宽带网络发展水平滞后，鉴于此，中西部地区应积极借助一带一路、宽带中国和网络强国等国家重大战略带来的机遇，大力推进区域宽带网络基础设施建设，加强财政支持力度，通过增加宽带网络基础设施建设专项资金，并对资金的具体使用情况，以及宽带网络基础设施的建设进程及时督查，以提高资金利用效率，加快宽带网络基础设施建设步伐，打通宽带网络基础设施最后一公里，提升农村光纤网络和4G网络覆盖率。并且对于贫困群体的宽带网络资费给予大幅优惠，降低入网门槛，满足这些群体的入网需求。通过以上措施，不断提高中西部地区宽带网络基础设施建设水平，推进宽带网络的普及和应用，缩小其与东部地区之间的数字鸿沟。与此同时，近年来，为了推动数字经济快速发展，我国宽带网络基础设施建设的标准需相应得以提高，对于信息通信技术较为发达的东部地区来说，应进一步增加宽带网络的网间带宽，提高网间互通能力，率先推进5G网络基础设施建设和IPV6规模部署，且通过发挥引领作用，带动中西部地区宽带网络基础设施发展，进而逐渐缩小区域数字鸿沟。

二、增强国际合作交流，发展新一代信息通信技术

在数字经济背景下，世界各国均在积极发展信息通信技术，抢占信息通信技术高地，利用信息通信技术改变经济社会发展方式，提高经济发展效率。在全球化时代，随着信息通信技术的快速发展，我国各地区应积极

顺应时代潮流，主动融入全球数字经济浪潮，开展信息通信技术合作交流，参与国际分工。信息通信技术的国际合作交流需要以良好的营商环境为基础，因此，各地区要进一步推进"放管服"改革，优化区域营商环境，以吸引国外企业在我国设立信息通信技术研发机构，使其与国内企业加强合作，同时也鼓励国内企业走向国际，开拓国际市场，促进国内外企业构建开放共享的网络平台和空间，提高企业之间合作效率，实现合作共赢。在国际合作交流过程中，通过不断学习，及时掌握国际前沿信息通信技术，并对国内已有技术进行创新与突破，提高我国互联网、大数据、云计算和人工智能等新一代信息通信技术发展水平。

三、增加专业人才供给，强化对信息通信技术吸收

信息通信技术能否充分、高效发挥其对绿色经济效率的积极效应，不仅取决于各地区信息通信技术水平，还决定于不同地区对信息通信技术的吸收和应用能力，这一点非常关键。随着宽带网络等信息通信技术的不断普及，提高信息通信技术的吸收及其应用能力应当成为各地区关注的重点内容。专业技术人才是信息通信技术应用能力的重要因素，区域信息通信技术专业人才的规模和质量越高，对信息通信技术的吸收与应用会更加充分、高效。因此，各地区不仅需要促进强宽带网络基础设施建设，缩小区域数字鸿沟，而且要注重信息通信技术专业人才的培养。基于数字经济背景，各地区高等院校、科研院所和企业应加强对互联网、大数据、云计算和人工智能等新一代信息通信技术的专业人才培养、培训。具体的，高等院校可增加互联网、大数据、云计算和人工智能等新一代信息通信技术的专业设置，制订培养方案，进行专业人才培养；科研院所加强对新一代信息通信技术的研究，丰富相关研究成果，并培育相应的专业型研究人才；各企业应增加专项资金预算，用于对员工的新一代信息通信技术职业培训，加大培训力度。高等院校、科研院所和企业三管齐下，通过对专业人才的培养、培训，提高区域信息通信技术人才规模。此外，各地区政府还可以增加专业人才引进资金，采取人才引进的方式，增加区域信息通信技术专业人才供给，以增强区域信息通信技术的吸收和应用能力，最大限度地发挥信息通信技术对经济社会发展的重要作用。

四、鼓励信息通信技术应用和发展，提高绿色经济效率

在数字经济背景下，各级政府应增加财政支持，注重政策引导，以推进信息通信技术的应用和发展，鼓励企业积极研发、引进并应用互联网、大数据、云计算和人工智能等新一代信息通信技术，提高信息通信技术发展水平。信息通信技术应用于生产、管理和流通等环节，发挥在不同部门以及企业之间的协同联动作用，推动技术溢出和创新，提高要素资源的配置及利用效率，减少能源消耗和污染排放。同时，在政府的财政支持和政策引导下，加快信息通信技术对传统产业的改造，通过信息通信技术与传统产业的深度融合，促进数字经济、共享经济等新产业、新业态和新模式的形成，推进产业的数字化、网络化与智能化发展，在此过程中，实现经济增长和节能减排的双重目标，进而提高了绿色经济效率。特别是对于信息通信技术与绿色经济效率水平均相对落后的中西部地区来说，国家应注重政策倾斜，统筹发展，加大对中西部地区的财政支持和政策引导力度，提升区域信息通信技术水平，这也有利于发挥信息通信技术的网络效应，在更大程度上促进了绿色经济效率。此外，通过鼓励信息通信技术在企业以及各产业中的广泛应用、渗透，推动技术创新和产业结构升级，淘汰落后产能，提高产业发展效率和附加值，以进一步提升区域绿色经济效率水平。

第三节　不足与研究展望

一、本书的不足

在已有研究的基础上，本书通过理论和实证相结合的方式，基于数字经济背景，研究信息通信技术对绿色经济效率的影响，研究具有一定的创新性，也得出了一些有意义的结论。在论文写作过程中，虽然本人考虑到很多方面的内容，已经尽最大努力撰写论文，并且不断进行修改和完善，但论文中依然存在一些不足，主要体现在以下两个方面。

第一，异质性比较分析。主要包括两个方面：一是不同产业之间的异质性；二是城乡之间的异质性。由于受到数据的限制，不同产业之间、城乡之

间的信息通信技术和绿色经济效率水平的衡量指标均无法统一，不具有可比性，因此，本书并未进一步在统一的分析框架下，实证研究信息通信技术对农业、工业和服务业绿色经济效率的影响，以及信息通信技术对城市和农村绿色经济效率的影响，进而无法分别比较信息通信技术对各产业绿色经济效率影响的差异，以及信息通信技术对城乡绿色经济效率影响的差异。

第二，信息通信技术指标的选取。本书已经尽量结合当下数字经济背景，构建了信息通信技术指标体系。然而由于无法获取连续年份的5G、大数据、云计算等新一代信息通信技术的权威数据，因此在信息通信技术指标体系的构建时，不能直接利用这些新一代信息通信技术的指标，但是本书考虑到这些新一代信息通信技术都是以互联网为基础，因而选择并突出了宽带网络的相关指标，以尽量贴近新一代信息通信技术，并测算信息通信技术发展水平，进而在一定程度上弥补了指标体系构建中存在的缺陷。

二、研究展望

在已有研究的基础上，后续可以从异质性比较分析、信息通信技术网络效应测算和信息通信技术指标体系构建三个方面进一步展开研究，具体的：

第一，进一步拓展异质性比较分析。随着国家对统计数据的不断完善，在不同产业、城乡的信息通信技术和绿色经济效率指标均能够保证统一性和可比性的前提下，后续研究将继续考虑不同产业之间、城乡之间的异质性，即通过构建统一的分析框架，实证分析信息通信技术对农业、工业和服务业绿色经济效率的影响，以及信息通信技术对城市和农村绿色经济效率的影响，并且分别在不同产业之间，以及城乡之间对该影响的差异性进行比较。通过更加细致的异质性分析，可以为不同产业、城乡信息通信技术和绿色经济效率的发展提供具有针对性的政策建议，这也是后续研究中的重要方向。

第二，在后续研究中，尝试对信息通信技术的网络效应进行科学测算。通过定量测算，明晰网络效应的具体数值，以使得信息通信技术对绿色经济效率影响的区域差异的解释更加具有说服力。

第三，随着5G、大数据、云计算和人工智能等新一代信息通信技术数据的逐渐公开，并且相关数据计算更加科学准确，在保证数据可获取性和权威性的前提下，后续的研究中，紧密结合数字经济背景，直接利用5G、大数据、云计算和人工智能等新一代信息通信技术数据，对信息通信技术水平进行综合测算。进一步地，还可以分别研究不同种类的信息通信技术对绿色经济效率的影响，并对研究的结果进行比较分析，以使研究的针对性和现实意义得以进一步增强。

附　录

一、关于SBM模型的一般表述公式

假设社会生产系统中有 n 个决策单元，每一个决策单元中有三个向量，分别为投入（x）、期望产出（y^g）和非期望产出（y^b），根据 Tone（2001）和 Tone（2003）的研究，SBM 模型的一般表述公式如下：

$$\rho^* = \min \frac{1 - \dfrac{1}{m} \sum_{i=1}^{m} \dfrac{s_i^-}{x_{i0}}}{1 + \dfrac{1}{s_1 + s_2} \left(\sum_{r=1}^{s_1} \dfrac{s_r^g}{y_{r_0}^g} + \sum_{r=1}^{s_2} \dfrac{s_r^b}{y_{r_0}^b} \right)}$$

$$\text{使得} \quad \begin{aligned} x_0 &= X\lambda + s^- \\ y_0^g &= Y^g\lambda - s^g \\ y_0^b &= Y^b\lambda + s^b \end{aligned}$$

$$s^- \geqslant 0, \ s^g \geqslant 0, \ s^b \geqslant 0, \ \lambda \geqslant 0$$

在上述公式中，ρ^* 为所构建的目标函数，表示每一个决策单元的效率值，且 $0 \leqslant \rho^* \leqslant 1$。$m$、$s_1$ 和 s_2 分别为投入、期望产出和非期望产出的种类数，X、Y^g 和 Y^b 依次表示投入矩阵、期望产出矩阵和非期望产出矩阵，$X = [x_1, \cdots, x_n] \in \mathbf{R}^{m \times n}$，$Y^g = [y_1^g, \cdots, y_n^g] \in \mathbf{R}^{s_1 \times n}$，$Y^b = [y_1^b, \cdots, y_n^b] \in \mathbf{R}^{s_2 \times n}$。$s^-$、$s^g$ 和 s^b 分别为投入、期望产出和非期望产出的松弛变量，λ 为权重。

二、论文的相关附表

附表 A1　KMO 和 Bartlett 检验

KMO 取样适切性量数		0.716
Bartlett 的球形度检验	上次读取的卡方	2683.328
	自由度	21
	显著性	0.000

附表 A2　信息通信技术与绿色经济效率：动态面板估计

自变量	因变量：绿色经济效率		
	(1)未考虑内生性	(2)差分广义矩（Diff-GMM）	(3)系统广义矩(Sys-GMM)
绿色经济效率滞后一期	0.765***	0.763***	0.858***
	(0.029)	(0.012)	(0.011)
信息通信技术	0.259***	0.233***	0.098***
	(0.081)	(0.016)	(0.008)
城镇化	−0.381***	−0.443***	0.008
	(0.129)	(0.054)	(0.022)
外商直接投资	0.017	−0.008**	0.052***
	(0.019)	(0.003)	(0.006)
人力资本	2.714**	0.490***	−0.378**
	(1.097)	(0.181)	(0.154)
环境规制	0.087***	0.071***	0.088***
	(0.032)	(0.005)	(0.004)
财政支出	0.173	−0.037**	−0.057**
	(0.171)	(0.017)	(0.023)
常数	−0.007	0.205***	0.036**
	(0.140)	(0.015)	(0.015)
Wald chi2	6547.530	6737.150	8858.670
P值	0.000	0.000	0.000
AR(1)		−1.638	−1.640
		[0.101]	[0.101]
AR(2)		−1.091	−1.010
		[0.275]	[0.312]

续　表

自变量	因变量:绿色经济效率		
	(1)未考虑内生性	(2)差分广义矩（Diff-GMM）	(3)系统广义矩(Sys-GMM)
Sargan		28.447	27.839
		[0.811]	[0.995]
样本数	420	390	420

注：（1）***、**、*分别表示在1%、5%、10%的水平上显著；（2）（·）内的数值表示标准误差；（3）[·]内的数值为该检验的P值。

附表A3　信息通信技术与绿色经济效率：空间杜宾模型（SDM）的逐步回归结果

自变量	因变量:绿色经济效率					
	(1)	(2)	(3)	(4)	(5)	(6)
信息通信技术	1.121***	1.081***	0.997***	0.941***	0.893***	0.936***
	(0.132)	(0.130)	(0.128)	(0.128)	(0.128)	(0.127)
城镇化		−0.639***	−0.753***	−0.965***	−1.016***	−1.103***
		(0.196)	(0.192)	(0.192)	(0.191)	(0.189)
外商直接投资			0.045	0.073**	0.051	0.036
			(0.032)	(0.032)	(0.032)	(0.032)
人力资本				3.524**	3.786**	4.152**
				(1.771)	(1.754)	(1.716)
环境规制					0.155***	0.120**
					(0.054)	(0.054)
财政支出						0.963***
						(0.299)
W×信息通信技术	−0.004	0.0413	−0.223	−0.355	−0.300	−0.247
	(0.261)	(0.260)	(0.260)	(0.258)	(0.258)	(0.252)
W×城镇化		1.034***	0.542	−0.142	−0.197	−0.636
		(0.389)	(0.392)	(0.399)	(0.396)	(0.407)
W×外商直接投资			0.334***	0.449***	0.396***	0.356***
			(0.068)	(0.070)	(0.071)	(0.071)
W×人力资本				15.54***	15.84***	15.91***
				(3.132)	(3.101)	(3.029)

自变量	因变量:绿色经济效率					
	(1)	(2)	(3)	(4)	(5)	(6)
W×环境规制					0.094	0.058
					(0.068)	(0.067)
W×财政支出						2.213***
						(0.581)
Log likelihood	463.637	471.107	483.265	497.787	502.776	512.142
样本数	450	450	450	450	450	450
R^2	0.098	0.102	0.137	0.133	0.134	0.136

注:(1) ***、**、*分别表示在1%、5%、10%的水平上显著;(2)(·)内的数值表示标准误差。

主要参考文献

[1] 毕斗斗，谢蔓，方远平.信息技术与服务业创新的融合与互动关系：基于广东省面板数据的实证分析［J］.经济地理，2013，33（10）：88-94.

[2] 蔡跃洲，张钧南.信息通信技术对中国经济增长的替代效应与渗透效应［J］.经济研究，2015，50（12）：100-114.

[3] 曹静，周亚林.人工智能对经济的影响研究进展［J］.经济学动态，2018（1）：103-115.

[4] 曹鹏，白永平.中国省域绿色发展效率的时空格局及其影响因素［J］.甘肃社会科学，2018（4）：242-248.

[5] 茶洪旺，左鹏飞.信息化对中国产业结构升级影响分析：基于省级面板数据的空间计量研究［J］.经济评论，2017（1）：80-89.

[6] 柴志贤.利用外资、环境约束与中国工业全要素生产率的增长：基于Malmquist指数与Malmquist-Luenberger指数的比较研究［J］.技术经济，2013，32（1）：64-70.

[7] 昌忠泽，陈昶君，张杰.产业结构升级视角下创新驱动发展战略的适用性研究：基于中国四大板块经济区面板数据的实证分析［J］.经济学家，2019（8）：62-74.

[8] 昌忠泽，孟倩.信息技术影响产业结构优化升级的中介效应分析：来自中国省级层面的经验证据［J］.经济论与经济管理，2018（6）：39-50.

[9] 陈晓，张壮壮，李美玲.环境规制、产业结构变迁与技术创新能力［J］.系统工程，2019，37（3）：59-68.

[10] 陈晓红.数字经济时代的技术融合与应用创新趋势分析［J］.中南大学学报（社会科学版），2018，24（5）：1-8.

[11] 陈晓玲，徐舒，连玉君.要素替代弹性、有偏技术进步对我国工业

能源强度的影响［J］.数量经济技术经济研究，2015（3）：58-76.

［12］陈阳，唐晓华.服务业集聚对城市绿色生产效率的影响［J］.城市问题，2018（11）：49-56.

［13］程宏.利用外资促进我国产业结构升级的新思路：外资技术溢出对我国产业结构高度化作用的思考［J］.南方经济，2001（4）：28-30.

［14］程慧平，周迪.我国省域信息化水平测量与差异比较［J］.图书馆理论与实践，2015（9）：38-42.

［15］程中华，刘军，李廉水.产业结构调整与技术进步对雾霾减排的影响效应研究［J］.中国软科学，2019（1）：146-154.

［16］程中华，刘军.信息化对工业绿色增长的影响效应［J］.中国科技论坛，2019（6）：95-101，108.

［17］储伊力，储节旺.信息化与技术创新的关系研究：基于东中西三大区域的比较分析［J］.情报杂志，2016，35（7）：61-65，30.

［18］邓翔，张卫.人口老龄化会阻碍技术进步吗：来自中国2000-2014年的经验证据［J］.华中科技大学学报（社会科学版），2018，32（3）：28-38.

［19］杜朝晖.经济新常态下我国传统产业转型升级的原则与路径［J］.经济纵横，2017（5）：61-68.

［20］杜传忠，马武强.信息化与我国产业结构的跨越式升级［J］.山东社会科学，2003（4）：68-70.

［21］杜雯翠.信息化能否降低城市环境污染？［J］.首都经济贸易大学学报，2016，18（2）：116-122.

［22］杜兴洋，杨起城，易敏.信息通信技术对普惠金融发展的影响：基于2007—2016年省级面板数据的实证分析［J］.江汉论坛，2018（12）：38-47.

［23］樊茂清，郑海涛，孙琳琳，等.能源价格、技术变化和信息化投资对部门能源强度的影响［J］.世界经济，2012（5）：22-45.

［24］范建双，任逸蓉，虞晓芬.人口城镇化影响区域绿色经济效率的中介机制分析：基于随机边界模型的检验［J］.宏观质量研究，2017（4）：52-65.

［25］方齐云，许文静.新型城镇化建设对绿色经济效率影响的时空效应分析［J］.经济问题探索，2017（10）：64-72.

［26］冯海波，方元子.地方财政支出的环境效应分析：来自中国城市的经验考察［J］.财贸经济，2014（2）：30-43，74.

［27］付睿臣，刘洋.基于信息能力的企业信息化对创新能力影响机理研究［J］.科学管理研究，2012（3）：85-88.

［28］傅京燕，司秀梅，曹翔.排污权交易机制对绿色发展的影响［J］.中国人口·资源与环境，2018，28（8）：12-21.

［29］盖美，孔祥镇，曲本亮.中国省际传统经济效率与绿色经济效率时空演变分析［J］.资源开发与市场，2016（7）：780-787.

［30］甘筱青.中部六省信息化水平对区域经济增长影响的实证研究［J］.求索，2014，（5）：57-61.

［31］干春晖，郑若谷，余典范.中国产业结构变迁对经济增长和波动的影响［J］.经济研究，2011（5）：4-16，31.

［32］高广阔，王艺群.京津冀地区高耗能产业绿色创新效率及影响因素分析：基于空间视角的实证研究［J］.工业技术经济，2018，37（1）：137-144.

［33］高巍，毕克新.信息化水平对制造业企业工艺创新能力作用的实证研究［J］.软科学，2011，25（10）：6-11，16.

［34］高文书，谢倩芸.中国产业结构升级的人力资本需求研究［J］.华中师范大学学报（人文社会科学版），2017，56（2）：41-50.

［35］弓媛媛.环境规制对中国绿色经济效率的影响：基于30个省份的面板数据的分析［J］.城市问题，2018（8）：68-78.

［36］郭爱君，范巧.南北经济协调视角下国家级新区的北：南协同发展研究［J］.贵州社会科学，2019（2）：117-127.

［37］郭炳南，唐利.外商直接投资、经济集聚与长江经济带城市绿色经济效率［J］.经济论坛，2020（2）：65-77.

［38］郭佳，何雄伟，薛飞.人口城镇化、经济增长对地区环境污染的影响［J］.企业经济，2018，37（7）：143-149.

［39］郭家堂，骆品亮.互联网对中国全要素生产率有促进作用吗？［J］.

管理世界，2016（10）：34-49.

[40] 郭美晨.ICT产业与产业结构优化升级的关系研究——基于灰关联熵模型的分析[J].经济问题探索，2019（4）：131-140.

[41] 郭美晨.信息通信技术（ICT）与我国经济增长质量提升[D].南开大学，2017.

[42] 韩宝国，朱平芳.宽带对中国经济增长影响的实证分析[J].统计研究，2014，31（10）：49-54.

[43] 韩宝国.宽带网络、信息服务与中国经济增长[D].上海社会科学院，2015.

[44] 韩晶，刘远，张新闻.市场化、环境规制与中国经济绿色增长[J].经济社会体制比较，2017（5）：105-115.

[45] 韩先锋，惠宁，宋文飞.信息化能提高中国工业部门技术创新效率吗？[J].中国工业经济，2014（12）：70-82.

[46] 韩永辉，黄亮雄，王贤彬.产业结构优化升级改进生态效率了吗？[J].数量经济技术经济研究，2016（4）：40-59.

[47] 郝淑双，朱喜安.中国区域绿色发展水平影响因素的空间计量[J].经济经纬，2019（1）：10-17.

[48] 何江，张馨之.中国区域经济增长及其收敛性：空间面板数据分析[J].南方经济，2006（5）：44-52.

[49] 何兴邦.城镇化对中国经济增长质量的影响：基于省级面板数据的分析[J].城市问题，2019（1）：4-13.

[50] 何玉长，方坤.人工智能与实体经济融合的理论阐释[J].学术月刊，2018，50（5）：56-67.

[51] 胡安军，郭爱君，钟方雷，等.高新技术产业集聚能够提高地区绿色经济效率吗？[J].中国人口·资源与环境，2018，28（9）：93-101.

[52] 胡俊.地区互联网发展水平对制造业升级的影响研究[J].软科学，2019，33（5）：6-10，40.

[53] 黄磊，吴传清.长江经济带城市工业绿色发展效率及其空间驱动机制研究[J].中国人口·资源与环境，2019，29（8）：40-49.

[54] 惠宁，刘鑫鑫.信息化对中国工业部门技术创新效率的空间效应

[J].西北大学学报（哲学社会科学版），2017，47（6）：94-103.

[55] 惠宁，周晓唯.互联网驱动产业结构高级化效应分析 [J].统计与信息论坛，2016，31（10）：54-60.

[56] 贾军，邢乐成.信息通信技术与中小企业融资约束：基于金融制度边界的分析框架 [J].中国经济问题，2016（3）：123-135.

[57] 姜建强，乔延清，孙烽.信息技术革命与生产率悖论 [J].中国工业经济，2002（12）：21-27.

[58] 姜照华，马娇.共协理论框架下信息通信技术对经济结构转变的作用:以美国1947-2016年数据为基础 [J].产经评论，2018，9（5）：18-29.

[59] 蒋含明.外商直接投资知识溢出、信息化水平与技术创新能力 [J].江西财经大学学报，2019，121（1）：34-42.

[60] 蒋仁爱，贾维晗.信息通信技术对中国工业行业的技术外溢效应研究 [J].财贸研究，2019（2）：1-16.

[61] 金碚.工业的使命和价值：中国产业转型升级的理论逻辑 [J].中国工业经济，2014（9）：51-64.

[62] 金春枝，李伦.我国互联网数字鸿沟空间分异格局研究 [J].经济地理，2016，36（8）：106-112.

[63] 金鹏，周娟.信息化对旅游产业增长的贡献：基于面板数据分位数回归的分析 [J].旅游学刊，2016，31（4）：71-80.

[64] 金志奇.试论信息技术对产业结构变动与升级的作用 [J].现代财经，2005（7）：74-77.

[65] 荆林波，冯永晟.信息通讯技术、生产率悖论与各国经济增长 [J].经济学动态，2010（6）：93-97.

[66] 荆文君，孙宝文.数字经济促进经济高质量发展：一个理论分析框架 [J].经济学家，2019（2）：66-73.

[67] 雷明，虞晓雯.地方财政支出、环境规制与我国低碳经济转型 [J].经济科学，2013（5）：47-61.

[68] 雷小清.信息通信技术对服务业"成本病"的影响研究：基于OECD国家生产率的增长核算分析 [J].财经论丛，2011（4）：16-21.

[69] 李斌，苏珈漩.产业结构调整有利于绿色经济发展吗：基于空间计

量模型的实证研究［J］.生态经济，2016，32（6）：32-37.

［70］李波，梁双陆.信息通信技术、信息化密度与地区产业增长：基于中国工业数据的经验研究［J］.山西财经大学学报，2017，39（9）：58-71.

［71］李从欣，李国柱.科技服务业发展对绿色经济效率影响研究［J］.科技管理研究，2018，38（11）：240-245.

［72］李功越，刘伟.ICT推动城乡一体化发展的作用机理及实证研究［J］.生态经济，2014（1）：70-73.

［73］李光勤，刘莉.环境规制、财政分权与中国绿色经济效率［J］.华东经济管理，2018，32（1）：39-45.

［74］李赫龙，王富喜.中国信息化水平测度及空间差异研究［J］.情报科学，2015，33（11）：95-99，139.

［75］李赫然.基于非估计参数的资源型城市绿色经济效率分析研究［J］.工业技术经济，2019，38（2）：52-58.

［76］李后建.信息通讯技术应用对企业创新的影响分析［J］.软科学，2017（12）：56-59.

［77］李后建.信息通讯技术应用能缓解产能过剩吗？［J］.科学研究，2017（10）：1491-1507.

［78］李佳钰，周宇.互联网对中国工业技术创新效率的影响：基于阶段异质效应的分析［J］.人文杂志，2018（7）：34-43.

［79］李健，范凤霞.城乡信息鸿沟测度指标体系研究［J］.现代情报，2014，34（8）：37-41.

［80］李江龙，徐斌."诅咒"还是"福音"：资源丰裕程度如何影响中国绿色经济增长？［J］.经济研究，2018，53（9）：151-167.

［81］李琳，周一成."互联网+"是否促进了中国制造业发展质量的提升？——来自中国省级层面的经验证据［J］.中南大学学报（社会科学版），2019，25（5）：71-79.

［82］李玲，陶锋.环境规制对工业技术进步的影响研究：基于各省2005—2009年工业面板数据的实证检验［J］.科技管理研究，2012，32（4）：41-45.

［83］李晓静.数字鸿沟的新变:多元使用、内在动机与数字技能:基于豫

沪学龄儿童的田野调查［J］.现代传播（中国传媒大学学报），2019，41（8）：12-19.

［84］李晓阳，赵宏磊，王思读.产业转移对中国绿色经济效率的机遇和挑战——基于人力资本的门槛回归［J］.现代经济探讨，2018，441（9）：71-78，89.

［85］李裕瑞，王婧，刘彦随，等.中国"四化"协调发展的区域格局及其影响因素［J］.地理学报，2014（2）：199-212.

［86］梁辉.省际信息流动空间格局与机制分析［J］.情报杂志，2009（7）：24-28.

［87］梁辉.我国省际信息流动规模测算与空间结构分析［J］.经济问题，2008（12）：26-28.

［88］林伯强，谭睿鹏.中国经济集聚与绿色经济效率［J］.经济研究，2019，54（2）：119-132.

［89］林春艳，宫晓蕙，孔凡超.环境规制与绿色技术进步:促进还是抑制：基于空间效应视角［J］.宏观经济研究，2019（11）：131-142.

［90］林晓，徐伟，杨凡，等.东北老工业基地绿色经济效率的时空演变及影响机制——以辽宁省为例［J］.经济地理，2017，37（5）：125-132.

［91］林卓玲，梁剑莹，林可全.科研机构基础研究与产业结构升级协调度研究：以东部11省（市）为例［J］.科技管理研究，2017，37（8）：112-118.

［92］林子.20世纪90年代信息和通信技术投资与经济增长：对9个经合组织国家的比较研究［J］.国外社会科学，2002（1）：119-120.

［93］刘成奎，徐啸.信息通信能力能否增强地方财政民生回应：基于互联网等现代ICT的角度［J］.当代财经，2018，403（6）：38-49.

［94］刘虹涛，靖继鹏.信息技术对传统产业结构影响分析［J］.情报科学，2002（3）：333-336.

［95］刘洪涛，杨洋.信息化与中国碳强度：基于中国省级面板数据的经验分析［J］.科技管理研究，2018，38（19）：226-233.

［96］刘湖，张家平.互联网＋时代背景下ICT与经济增长关系的实证分析：来自中国省级面板数据研究［J］.统计与信息论坛，2015，30（12）：

73-78.

[97] 刘瑞翔, 安同良. 资源环境约束下中国经济增长绩效变化趋势与因素分析: 基于一种新型生产率指数构建与分解方法的研究 [J]. 经济研究, 2012 (11): 34-47.

[98] 刘晓阳, 黄晓东, 丁志伟. 长江经济带县域信息化水平的空间差异及影响因素 [J]. 长江流域资源与环境, 2019 (6): 1262-1275.

[99] 刘妍, 何桂立. 信息和通信技术在环境保护中的重要作用 [J]. 现代电信科技, 2009 (8): 46-49.

[100] 刘耀彬, 袁华锡, 王喆. 文化产业集聚对绿色经济效率的影响: 基于动态面板模型的实证分析 [J]. 资源科学, 2017 (4): 747-755.

[101] 刘赢时, 田银华, 罗迎. 产业结构升级、能源效率与绿色全要素生产率 [J]. 财经理论与实践, 2018, 39 (1): 118-126.

[102] 龙飞. 信息化、转变经济增长方式与经济增长: 基于全国31省域面板数据的实证分析 [J]. 现代管理科学, 2016 (5): 33-35.

[103] 卢洪友, 张靖妤, 许文立. 中国财政政策的绿色发展效应研究 [J]. 财政科学, 2016 (4): 100-111.

[104] 逯进, 赵亚楠, 陈阳. 人力资本、技术创新对环境污染的影响机制: 基于全国285个城市的实证分析 [J]. 长江流域资源与环境, 2019, 28 (9): 2186-2196.

[105] 路畅, 王媛媛, 于渤, 等. 制度环境、技术创新与传统产业升级: 基于中国省际面板数据的门槛回归分析 [J]. 科技进步与对策, 2019, 36 (14): 62-68.

[106] 罗廷锦, 茶洪旺. "数字鸿沟"与反贫困研究: 基于全国31个省市面板数据的实证分析 [J]. 经济问题探索, 2018, 427 (2): 11-18, 74.

[107] 罗伟其, 刘永清. 信息化与中国社会可持续发展问题 [J]. 中国软科学, 2000 (2): 58-61.

[108] 吕明元, 陈磊. "互联网+"对产业结构生态化转型影响的实证分析: 基于上海市2000-2013年数据 [J]. 上海经济研究, 2016 (9): 110-121.

[109] 毛建辉. 政府行为、环境规制与区域技术创新: 基于区域异质性和路径机制的分析 [J]. 山西财经大学学报, 2019, 41 (5): 16-27.

［110］孟倩.信息技术与中国经济增长［D］.中央财经大学，2017.

［111］宁光杰，林子亮.信息技术应用、企业组织变革与劳动力技能需求变化［J］.经济研究，2014，49（8）：79-92.

［112］宁泽逵，宁攸凉.丝绸之路经济带国家（地区）信息通讯技术对经济增长的影响分析：基于变系数面板数据模型［J］.统计与信息论坛，2017，32（9）：98-106.

［113］裴长洪，倪江飞，李越.数字经济的政治经济学分析［J］.财贸经济，2018，39（9）：5-22.

［114］彭代彦，张俊.环境规制对中国全要素能源效率的影响研究：基于省际面板数据的实证检验［J］.工业技术经济，2019，38（2）：59-67.

［115］彭继增，李爽，王怡.地区信息化与绿色经济发展的空间关联性研究［J］.工业技术经济，2019，38（8）：99-107.

［116］齐红倩，陈苗.环境规制对我国绿色经济效率影响的非线性特征［J］.数量经济研究，2018，9（2）：61-77.

［117］齐绍洲，林屾，王班班.中部六省经济增长方式对区域碳排放的影响：基于Tapio脱钩模型、面板数据的滞后期工具变量法的研究［J］.中国人口·资源与环境，2015，25（5）：59-66.

［118］钱争鸣，刘晓晨.环境管制与绿色经济效率［J］.统计研究，2015，32（7）：12-18.

［119］钱争鸣，刘晓晨.我国绿色经济效率的区域差异及收敛性研究［J］.厦门大学学报（哲学社会科学版），2014（1）：110-118.

［120］钱争鸣，刘晓晨.中国绿色经济效率的区域差异与影响因素分析［J］.中国人口·资源与环境，2013，23（7）：104-109.

［121］秦尊文，冷成英.网络经济动摇了区域经济学基石吗？［J］.学习与实践，2016（6）：5-10.

［122］秦尊文.生态文明、城镇化与绿色GDP［J］.学习月刊，2013（3）：32-33.

［123］邱泽奇，张樹沁，刘世定，等.从数字鸿沟到红利差异：互联网资本的视角［J］.中国社会科学，2016（10）：93-115.

［124］任阳军，汪传旭.中国城镇化对区域绿色经济效率影响的实证研究

[J].技术经济，2017，36（12）：72-78，98.

[125] 时乐乐，赵军.环境规制、技术创新与产业结构升级［J］.科研管理，2018，39（1）：119-125.

[126] 宋丽颖，张伟亮.财政支出对经济增长空间溢出效应研究［J］.财政研究，2018（3）：31-41.

[127] 宋涛，荣婷婷.人力资本的集聚和溢出效应对绿色生产的影响分析［J］.江淮论坛，2016（3）：46-53.

[128] 孙金岭，朱沛宇.基于SBM-Malmquist-Tobit的"一带一路"重点省份绿色经济效率评价及影响因素分析［J］.科技管理研究，2019，39（12）：230-237.

[129] 孙群英，毕克新.制造业企业信息化对工艺创新能力影响机理的实证研究［J］.科学学与科学技术管理，2010（5）：94-99.

[130] 孙早，刘李华.信息化提高了经济的全要素生产率吗-来自中国1979—2014年分行业面板数据的证据［J］.经济理论与经济管理，2018，329（5）：5-18.

[131] 谭清美，陈静.信息化对制造业升级的影响机制研究-中国城市面板数据分析［J］.科技进步与对策，2016，33（20）：55-62.

[132] 陶秋燕，高腾飞.信息通信技术对国家创新能力的影响路径［J］.科技管理研究，2019，39（13）：46-52.

[133] 陶长琪，周璇.产业融合下的产业结构优化升级效应分析-基于信息产业与制造业耦联的实证研究［J］.产业经济研究，2015（3）：21-31，110.

[134] 童有好."互联网+制造业服务化"融合发展研究［J］.经济纵横，2015（10）：62-67.

[135] 汪克亮，杨力，程云鹤.异质性生产技术下中国区域绿色经济效率研究［J］.财经研究，2013（4）：57-67.

[136] 汪莉，邵雨卉，陈登科.地方寻租与区域绿色经济增长效率［J］.世界经济文汇，2019（3）：85-103.

[137] 汪明峰，李健.互联网、产业集群与全球生产网络：新的信息和通信技术对产业空间组织的影响［J］.人文地理，2009（2）：17-22.

［138］王班班，齐绍洲.有偏技术进步、要素替代与中国工业能源强度［J］.经济研究，2014（2）：115-127.

［139］王兵，刘光天.节能减排与中国绿色经济增长：基于全要素生产率的视角［J］.中国工业经济，2015（5）：57-69.

［140］王兵，唐文狮，吴延瑞，等.城镇化提高中国绿色发展效率了吗？［J］.经济评论，2014（4）：38-49，107.

［141］王恩旭，武春友.基于超效率DEA模型的中国省际生态效率时空差异研究［J］.管理学报，2011，8（3）：443-450.

［142］王娟.信息化、创新与劳动生产率：基于CDM模型的实证研究［J］.财经科学，2017（6）：70-81.

［143］王军，耿建.中国绿色经济效率的测算及实证分析［J］.经济问题，2014（4）：52-55.

［144］王可，李连燕."互联网+"对中国制造业发展影响的实证研究［J］.数量经济技术经济研究，2018，35（6）：3-20.

［145］王龙杰，曾国军，毕斗斗.信息化对旅游产业发展的空间溢出效应［J］.地理学报，2019，74（2）：366-378.

［146］王冉，孙涛.基于超效率DEA模型的环境规制对中国区域绿色经济效率影响研究［J］.生态经济，2019，35（11）：131-136.

［147］王炜，张豪.信息基础设施与区域经济增长：来自中国252个地市级的经验证据［J］.华东经济管理，2018，32（7）：75-80.

［148］王亚平，程钰，任建兰.城镇化对绿色经济效率的影响［J］.城市问题，2017（8）：59-66.

［149］王艳丽，王中影.外商直接投资对技术创新的影响路径分析：基于门槛特征与空间溢出效应［J］.管理现代化，2018，38（3）：58-61.

［150］王永进，匡霞，邵文波.信息化、企业柔性与产能利用率［J］.世界经济，2017（1）：67-90.

［151］王志祥，张洪振，龚新蜀，等.物流产业集聚、市场分割与区域绿色经济效率［J］.经济经纬，2018，35（5）：87-93.

［152］伍格致，游达明.环境规制对技术创新与绿色全要素生产率的影响机制:基于财政分权的调节作用［J］.管理工程学报，2019，33（1）：37-50.

［153］向书坚，郑瑞坤.中国绿色经济发展指数研究［J］.统计研究，2013，30（3）：72-77.

［154］徐春燕，程斌，黎苑楚.信息化评价指标的优化及对湖北省信息化发展水平的分析［J］.情报科学，2014（11）：13-18.

［155］徐敏，姜勇.中国产业结构升级能缩小城乡消费差距吗？［J］.数量经济技术经济研究，2015，32（3）：3-21.

［156］徐伟呈，李欣鹏."互联网+"背景下中国产业结构转型升级研究：基于互联网技术进步对二三产业生产率贡献的视角［J］.宏观质量研究，2018，6（3）：59-73.

［157］徐晓红，汪侠.长江经济带城市经济效率比较研究——基于非期望产出的视角［J］.江淮论坛，2015（5）：52-57.

［158］徐鑫，刘兰娟.新一代信息技术影响经济转型的作用机制研究［J］.经济纵横，2014（5）：55-58.

［159］徐盈之，顾沛.制造业价值链攀升带来了绿色经济效率提升吗？［J］.江苏社会科学，2019（4）：93-106.

［160］许港，杨晓，韩先锋.信息化水平与技术创新能力的协整关系：基于2005-2010年中国工业行业面板数据的实证分析［J］.技术经济，2013，32（6）：52-56.

［161］许宁，施本植，刘明.产业结构视角下地方政府竞争对绿色经济效率的影响［J］.技术经济，2019，38（6）：67-79.

［162］许宪春，任雪，常子豪.大数据与绿色发展［J］.中国工业经济，2019（4）：5-22.

［163］薛俊宁，吴佩林.技术进步、技术产业化与碳排放效率：基于中国省际面板数据的分析［J］.上海经济研究，2014（9）：111-119.

［164］鄢显俊.从技术经济范式到信息技术范式：论科技-产业革命在技术经济范式形成及转型中的作用［J］.数量经济技术经济研究，2004，21（12）：139-146.

［165］阳立高，龚世豪，王铂，等.人力资本、技术进步与制造业升级［J］.中国软科学，2018（1）：138-148.

［166］杨海慈，桑裕臻，韩圣龙.数字鸿沟与城市化进程的相互作用机制

［J］.图书馆论坛，2019（7）：34-41.

　　［167］杨浩，张灵.基于数据包络（DEA）分析的京津冀地区环境绩效评估研究［J］.科技进步与对策，2018（1）：43-49.

　　［168］杨骞，秦文晋.中国产业结构优化升级的空间非均衡及收敛性研究［J］.数量经济技术经济研究，2018，35（11）：58-76.

　　［169］杨恺钧，潘娟，王舒.金融发展、技术进步与区域内就业结构变迁：基于我国东部地区省级面板数据的实证研究［J］.经济经纬，2015，32（1）：19-24.

　　［170］杨龙，胡晓珍.基于DEA的中国绿色经济效率地区差异与收敛分析［J］.经济学家，2010（2）：46-54.

　　［171］杨汝岱.中国制造业企业全要素生产率研究［J］.经济研究，2015（2）：61-74.

　　［172］杨文举.基于DEA的绿色经济增长核算：以中国地区工业为例［J］.数量经济技术经济研究，2011（1）：19-34.

　　［173］杨晓维，何昉.信息通信技术对中国经济增长的贡献：基于生产性资本存量的测算［J］.经济与管理研究，2015，36（11）：66-73.

　　［174］杨云彦，陈浩.人口资源与环境经济学［M］.湖北：湖北人民出版社，2011.

　　［175］杨云彦.全球化、信息化与中部崛起的战略选择［J］.理论月刊，2006（5）：5-10.

　　［176］杨云彦.要加强环境资源的保护［J］.学习与实践，2003（10）：17-18.

　　［177］叶仁道，张勇，罗堃.中国绿色经济效率的测算及影响因素：基于偏正态面板数据模型［J］.技术经济，2017，36（11）：79-85.

　　［178］尹文耀，尹星星，颜卉.从六十五年发展看胡焕庸线［J］.中国人口科学，2016（1）：25-40.

　　［179］尹秀，刘传明.环境规制、技术进步与中国经济发展：基于DMSP/OLS夜间灯光校正数据的实证研究［J］.财经论丛，2018（9）：106-113.

　　［180］余康.市场化改革、技术进步与地区能源效率：基于1997—2014年中国30个省份的面板数据模型分析［J］.宏观经济研究，2017（11）：

79-93.

［181］余长林，高宏建.环境管制对中国环境污染的影响—基于隐性经济的视角［J］.中国工业经济，2015（7）：21-35.

［182］余泳泽，刘凤娟，张少辉.中国工业分行业资本存量测算：1985-2014［J］.产业经济评论，2017（6）：5-15.

［183］袁润松，丰超，王苗，等.技术创新、技术差距与中国区域绿色发展［J］.科学学研究，2016，34（10）：1593-1600.

［184］岳良文，李孟刚，武春友.工业化、信息化和绿色化：互动评价模型及实证分析［J］.经济与管理研究，2017（5）：86-95.

［185］曾祥金，罗燕.互联网普及程度对非正规就业的影响分析［J］.中国劳动关系学院学报，2019，33（3）：47-56.

［186］詹宇波，王梦韬，王晓萍.中国信息通信技术制造业资本存量度量：1995—2010［J］.世界经济文汇，2014，（4）：62-74.

［187］战丽梅.企业信息化对技术创新的影响［J］.情报科学，2005，23（12）：1806-1808.

［188］张秉乾，张旭，凯伊·菲尔顿.从宏观的角度看信息通信技术在节能减排方面的应用［J］.信息技术与信息化，2011（1）：59-61.

［189］张翠菊，张宗益，覃明锋.能源禀赋、技术进步与碳排放强度：基于空间计量模型的研究［J］.系统工程，2016，34（11）：47-53.

［190］张红历，周勤，王成璋.信息技术、网络效应与区域经济增长：基于空间视角的实证分析［J］.中国软科学，2010（10）：112-123，179.

［191］张红梅，宋戈.黑龙江垦区耕地利用生态效率及其内部协调性［J］.华中农业大学学报（社会科学版），2019（4）：160-168，178.

［192］张辉，石琳.数字经济:新时代的新动力［J］.北京交通大学学报（社会科学版），2019，18（2）：10-18.

［193］张家平，程名望，潘烜.信息化、居民消费与中国经济增长质量［J］.经济经纬，2018，184（3）：143-149.

［194］张骞，李长英.信息化对区域创新绩效的直接效应和间接效应：兼论人力资本非线性中介作用［J］.现代经济探讨，2019，446（2）：119-127.

［195］张可云，王裕瑾，王婧.空间权重矩阵的设定方法研究［J］.区域

经济评论，2017（1）：19-25.

[196] 张鹏，何青容.公共财政支出、人均收入与环境绩效［J］.生态经济，2014，30（8）：65-67，126.

[197] 张三峰，魏下海.信息与通信技术是否降低了企业能源消耗：来自中国制造业企业调查数据的证据［J］.中国工业经济，2019，371（2）：157-175.

[198] 张少华，蒋伟杰.中国全要素生产率的再测度与分解［J］.统计研究，2014（3）：56-62.

[199] 张向宁，孙秋碧.信息化与工业化融合有界性的实证研究：基于我国31省市面板数据［J］.经济问题，2015（1）：84-88.

[200] 张雪玲，吴明.网络时代下地区信息化发展空间关联分析：基于探索性空间数据分析（ESDA）方法的应用［J］.浙江学刊，2018（1）：132-138.

[201] 张英浩，陈江龙，程钰.环境规制对中国区域绿色经济效率的影响机理研究——基于超效率模型和空间面板计量模型实证分析［J］.长江流域资源与环境，2018，27（11）：2407-2418.

[202] 张之光，蔡建峰.信息技术资本、替代性与中国经济增长：基于局部调整模型的分析［J］.数量经济技术经济研究，2012，29（9）：71-81+150.

[203] 张治栋，李发莹.基础设施、空间溢出与产业结构升级：基于长江经济带地级市的实证分析［J］.云南财经大学学报，2019，35（5）：55-63.

[204] 张治栋，秦淑悦.产业集聚对城市绿色效率的影响：以长江经济带108个城市为例［J］.城市问题，2018，276（7）：50-56.

[205] 张治栋，秦淑悦.环境规制、产业结构调整对绿色发展的空间效应：基于长江经济带城市的实证研究［J］.现代经济探讨，2018，443（11）：85-92.

[206] 赵领娣，张磊，李荣杰，等.能源禀赋、人力资本与中国绿色经济绩效［J］.当代经济科学，2013（4）：74-84.

[207] 赵领娣，张磊，徐乐，等.人力资本、产业结构调整与绿色发展效率的作用机制［J］.中国人口资源与环境，2016（11）：106-114.

[208] 赵西三.数字经济驱动中国制造转型升级研究［J］.中州学刊，

2017（12）：36-41.

　　［209］赵昕，茶洪旺.信息化发展水平与产业结构变迁的相关性分析［J］.中国人口·资源与环境，2015，25（7）：84-88.

　　［210］郑垂勇，朱晔华，程飞.城镇化提升了绿色全要素生产率吗？：基于长江经济带的实证检验［J］.现代经济探讨，2018，437（5）：116-121.

　　［211］郑世林，周黎安，何维达.电信基础设施与中国经济增长［J］.经济研究，2014，49（5）：77-90.

　　［212］周杰文，蒋正云，李凤.我国旅游产业集聚对绿色经济效率的影响：基于省级面板数据的实证研究［J］.生态经济，2019，35（3）：122-128.

　　［213］周亮，车磊，孙东琪.中国城镇化与经济增长的耦合协调发展及影响因素［J］.经济地理，2019，39（6）：97-107.

　　［214］周勤，张红历，王成璋.信息技术对经济增长的影响：一个新兴古典微观模型［J］.贵州社会科学，2012（12）：105-110.

　　［215］周兴，张鹏.市场化进程对技术进步与创新的影响：基于中国省级面板数据的实证分析［J］.上海经济研究，2014（2）：71-81.

　　［216］周振，孔祥智.中国"四化"协调发展格局及其影响因素研究：基于农业现代化视角［J］.中国软科学，2015，298（10）：14-31.

　　［217］朱金生，李蝶.技术创新是实现环境保护与就业增长"双重红利"的有效途径吗？基于中国34个工业细分行业中介效应模型的实证检验［J］.中国软科学，2019（8）：1-13.

　　［218］AKBULUT, YAVUZ. Investigating underlying components of the ICT indicators measurement Scale: the extended version ［J］.Journal of Educational Computing Research,2009, 40(4):405-427.

　　［219］ ANDREA O M, ELENA A M. ICT impact on competitiveness, innovation and environment ［J］.Telematics and Informatics,2012,29(2):204-210.

　　［220］ ANSELIN L. Spatial econometrics: methods and models ［J］. Economic Geography, 1988, 65(2): 160.

　　［221］ ANTONIOLI D,MAZZANTI M.Towards a green economy through innovations:The role of trade union involvement ［J］.Ecological Economics,2017, 131:286-299.

［222］ ARTHUR W B. Competing technologies, increasing returns, and lock-In by historical events ［J］. The Economic Journal, 1989, 99(394):116-131.

［223］ BASSETT K G.Regression quantiles ［J］. Econometrica, 1978, 46(1): 33-50.

［224］ BEI J, GANG L. Green economic growth from a developmental perspective ［J］.China Finance and Economic Review,2013,1(1):1-7.

［225］ BERKHOUT F J, HERTIN. De-materialising and re-materialising: digital technologies and the environment ［J］.Futures,2004,36(8):903-920.

［226］ BERNSTEIN R, MADLENER R.Impact of disaggregated ICT capital on electricity intensity in European manufacturing ［J］. Applied Economics Letters, 2010, 17(17): 1691-1695.

［227］ BOHLIN E. ICT as a source of output and productivity growth in finland ［J］. Telecommunications Policy,2007,31(8):463-472.

［228］ BOREL J M , TUROK I N. The green economy: incremental change or transformation? ［J］.Environmental Policy and Governance,2013,23(4):209-220.

［229］ BROCKINGTON D, PONTE S. The green economy in the global south: experiences, redistributions and resistance ［J］. Third World Quarterly, 2015, 36(12): 2197-2206.

［230］ CAI S, CHEN X, BOSE I.Exploring the role of IT for environmental sustainability in China: An empirical analysis ［J］. International Journal of Production Economics,2013, 146(2): 491-500.

［231］ CHIU Y H, SHYU M K, LEE J H, ET AL. Undesirable output in efficiency and productivity: Example of the G20 countries ［J］. Energy Sources, Part B: Economics, Planning, and Policy, 2016, 11(3): 237-243.

［232］ CHUNG Y, FARE R. Productivity and undesirable outputs:a directional distance function approach ［J］. Microeconomics, 1995, 51(3): 229-240.

［233］ CIRERA X, LAGE F, SABETTI L. ICT use, innovation, and productivity: evidence from Sub-Saharan Africa ［J］. Social Science Electronic Publishing, 2016:1-55.

［234］ COLECCHIA A, SCHREYER P.ICT investment and economic growth in the 1990s: is the united states a unique case?: a comparative study of nine OECD countries［J］. Review of Economic Dynamics,2002,5(2):408-442.

［235］CONLEY T G, LIGON C E. Economic distance and cross-country spillovers［J］. Journal of Economic Growth, 2002 (2):157-187.

［236］DAO V, LANGELLA I, CARBO J. From green to sustainability: Information Technology and an integrated sustainability framework［J］. Journal of Strategic Information Systems, 2011, 20(1):63-79.

［237］DAVID C, DANIELE S. A coopetitive model for the green economy ［J］.Economic Modelling, 2012, 29(4): 1-11.

［238］DIANA ÜRGE-VORSATZ, KELEMEN A, TIRADO S, ET AL. Measuring multiple impacts of low-carbon energy options in a green economy context［J］.Applied Energy, 2016 (179): 1409-1426.

［239］DIMELIS S P, PAPAIOANNOU S K. ICT growth effects at the industry level: A comparison between the US and the EU［J］. Information Economics and Policy, 2011, 23(1):1-50.

［240］FACCER K, NAHMAN A, AUDOUIN M. Interpreting the green economy:Emerging discourses and their considerations for the Global South［J］. Development Southern Africa,2014,31(5):642-657.

［241］FINN S, MAHER J K, FORSTER J. Indicators of information and communication technology adoption in the nonprofit sector: Changes between 2000 and 2004［J］.Nonprofit Management & Leadership,2010, 16(3):277-295.

［242］FISHER-VANDEN K, JEFFERSON G H, JINGKUI M, ET AL. Technology development and energy productivity in China［J］. Energy Economics, 2006, 28(5): 690-705.

［243］FREEMAN C, SOETE L. The economics of industrial innovation ［M］.The MIT Press, 1997.

［244］FURMAN J, PORTER M, STERN S. The determinants of national innovative capacity［J］.Research Policy,2002,31(6): 899 - 933.

［245］GETIS A. Spatial weights matrices［J］. Geographical Analysis,2009, 41(4):404-410.

［246］GHIYASI, MOJTABA. Industrial sector environmental planning and energy efficiency of Iranian provinces ［J］. Journal of Cleaner Production, 2017, 142:2328-2339.

［247］GIBBS D, O'NEILL, KIRSTIE. Future green economies and regional development:a research agenda ［J］.Regional Studies,2017, 51(1): 161-173.

［248］GIOTOPOULOS I, FOTOPOULOS G. Intra-industry growth dynamics in the greek services sector: fFirm-level estimates for ICT-producing, ICT-using, and Non-ICT Industries ［J］. Review of Industrial Organization, 2010, 36(1):59-74.

［249］GODOE H. Innovation theory, aesthetics, and science of the artificial after herbert simon ［J］. Journal of the Knowledge Economy, 2012, 3(4):372-388.

［250］GÖKGÖZ F, ERKUL E. Investigating the energy efficiencies of European countries with super efficiency model and super SBM approaches ［J］. Energy Efficiency, 2018(2):1-18.

［251］GOODMAN J, SALLEH A. The green economy:class hegemony and counter-hegemony ［J］.Globalizations,2013,10(3):411-424.

［252］GRIMAUD A, ROUGE L. Environmern, directed technical change and policy ［J］.Environmental and Resource Economics, 2008, 41(4): 439-463.

［253］HANAFIZADEH M R, SAGHAEI A, HANAFIZADEH P. An index for cross-country analysis of ICT infrastructure and access ［J］.Telecommunications Policy, 2009,33(7):385-405.

［254］HANAFIZADEH P, HANAFIZADEH M R, KHODABAKHSHI M. Extracting core ICT indicators using entropy method ［J］. The Information Society,2009, 25(4):236-247.

［255］HANER U E. Innovation quality-a conceptual framework ［J］. International Journal of Production Economics, 2002, 80(1):31-37.

［256］HASEEB A, XIA E, SAUD S, ET AL. Does information and communication technologies improve environmental quality in the era of globalization? Anempirical analysis ［J］. Environmental Science and Pollution Research, 2019, 26(9):8594-8608.

［257］HEEKS R. Do information and communication technologies(ICTs) contribute to development? ［J］. Journal of International Development, 2010, 22 (5):625-640.

［258］ HENDRIKS P. Why share knowledge? The influence of ICT on the motivation for knowledge sharing ［J］. Knowledge and Process Management, 1999,6(2):91-100.

［259］ HILTY L M , ARNFALK P, ERDMANN L, ET AL. The relevance of information and communication technologies for environmental sustainability - A prospective simulation study ［J］.Environmental Modelling and Software,2006,21 (11):1618-1629.

［260］ HILTY L. M. Sustainable development and information technology ［J］.Environmental Impact Assessment Review, 2002, 22(5):445-447.

［261］ HILTY L, Aebischer B. ICT innovations for sustainability ［C］. Berlin：Springer,2015.

［262］ HOME O. The economic impact of ICT measurement, evidence and implications: introduction and summary ［J］.Future Survey, 2004, 43(2):522-523.

［263］ IKEDIASHI D I, OGWUELEKA A C. Assessing the use of ICT systems and their impact on construction project performance in the Nigerian construction industry ［J］.Journal of Engineering,Design and Technology, 2016, 14(2):252-276.

［264］ ISHIDA H.The Effect of ICT development on economic growth and energy consumption in Japan ［J］.Telematics and Informatics, 2015, 32(1):79-88.

［265］ JALAVA J, POHJOLA M. ICT as a Source of Output and Productivity Growth in Finland ［M］. Pergamon Press, Inc. 2007.

［266］ KATZ M L, SHAPIRO C. Network externalities, competition, and Compatibility ［J］.American Economic Review, 1985, 75(3):424-440.

［267］ KATZ M L, SHAPIRO C. Systems competition and network effects ［J］. Journal of Economic Perspectives, 1994, 8(2):93-115.

［268］ KE T Y.Energy efficiency of APEC members-applied dynamic SBM model ［J］. Carbon Management, 2017, 8(1):1-11.

［269］ KESSLER A S, LULFESMANN C, MYERS G M.Redistribution, fiscal competition, and the politics of economic integration ［J］. Review of Economic

Studies, 2002,69(4):899 923.

［270］KHUNTIA J T, SALDANHA S, MITHAS V. Sambamurthy information technology and sustainability:Evidence from an emerging economy ［J］.Production and Operations Management,2018,27(4):756−773.

［271］KOSTOSKA O, MITREVSKI P, HRISTOSKI I. ICT and Competitiveness of the Macedonian Economy ［J］. Computer Science, 2013(1): 182−189.

［272］LESAGE J P, PACE R K. Introduction to spatial econometrics ［M］. Chapman & Hall CRC Press, 2009.

［273］LI H, SHI J F. Energy efficiency analysis on Chinese industrial sectors: an improved Super−SBM model with undesirable outputs ［J］. Journal of Cleaner Production, 2014(65): 97−107.

［274］LI H, FANG K, YANG W, ET AL. Regional environmental efficiency evaluation in China: Analysis based on the Super−SBM model with undesirable outputs ［J］.Mathematical and Computer Modeling, 2013(58): 1018−1031.

［275］LIU X C, QIAN Z M .Study on energy saving with chinese regional energy−economic efficiency analysis based on SBM model ［J］. Advanced Materials Research, 2013(648): 247−250.

［276］LOZANO S, GUTIÉRREZ E. Slacks−based measure of efficiency of airports with airplanes delays as undesirable outputs ［J］. Computers & Operations Research, 2011, 38(1):131−139.

［277］LUCIO C, SONIA V, ANTONIO P, ET AL. Environmental efficiency analysis and estimation of CO_2, abatement costs in dairy cattle farms in Umbria (Italy): a SBM−DEA model with undesirable output ［J］. Journal of Cleaner Production, 2018(197): 895−907.

［278］LUIS E V, DOMINGO G, GONZALO M. ICT and KM, drivers of innovation and profitability in SMEs ［J］.Journal of Information & Knowledge Management,2018,17(1):1−34.

［279］MACHLUP F. The production and distribution of knowledge in the United States ［M］. Princeton University Press, 1962.

［280］MATTHING J, KRISTENSSON P, GUSTAFSSON A. Developing

successful technology-based services: The issue of identifying and involving innovative users [J]. Journal of Service Marketing, 2006 (5): 288-297.

[281] MAY G, STAHL B, TAISCH M, ET AL. Energy management in manufacturing: from literature review to a conceptual framework [J].Journal of Cleaner Production, 2017(167): 1464-1489.

[282] METCALFE B. Metcalfe's law after 40 years of ethernet [J]. Computer, 2013 ,46(12):26-31.

[283] MIYAZAKI S, IDOTA H, MIYOSHI H .Corporate productivity and the stages of ICT development [J]. Information Technology & Management, 2012, 13(1): 17-26.

[284] MOCZULSKI W, PRZYSTALKA P, SIKORA M,ET AL.Modern ICT and mechatronic systems in contemporary mining industry [M]. Rough Sets. Springer International Publishing, 2016.

[285] MOYER J D, HUGHES B B. ICTs:do they contribute to increased carbon emissions [J].Technological Forecasting and Social Change,2012,79(5):919-931.

[286] NAHMAN A, MAHUMANI B K, De Lange W J .Beyond GDP: towards a green economy Index [J]. Development Southern Africa, 2016:1-19.

[287] NIEBEL, THOMAS. ICT and economic growth-Comparing developing, emerging and developed countries [J].World Development, 2018 (104): 197-211.

[288] NORDHAUS W D. Modeling induced innovation in climate-change policy [J].Technological change and the environment, 2002:182-209.

[289] OLINER S D, SICHEL D E. Information technology and productivity: where are we now and where are we going? [J].Journal of Policy Modeling, 2003, 25(5): 477-503.

[290] OLINER S D, SICHEL D E.The resurgence of growth in the late 1990s: Is information technology the story? [J]. Finance & Economics Discussion, 2002, 14: 3-22.

[291] OULTON N. ICT and productivity growth in the united kingdom [J]. Oxford Review of Economic Policy, 2002, 18(3):363-379.

[292] OZCAN B, APERGIS N. The impact of internet use on air pollution:

Evidence from emerging countries ［J］. Environmental Science & Pollution Research,2018,25(5):1-16.

［293］ PAUNOV C, ROLLO V. Has the internet fostered inclusive innovation in the developing world? ［J］. World Development, 2016 (78): 587-609.

［294］ PIERRE M, MICHAEL P, GEORGE L. ICT, R&D and organizational innovation: Exploring complementarities in investment and production ［J］. NBER Working Papers, 2018.

［295］ PITTMAN R W. Multilateral productivity comparisons with undesirable Outputs ［J］.The Economic Journal, 1983, 93(372):883-891.

［296］ POLDER M, BONDT H D, LEEUWEN G V. Business dynamics, industry productivity growth, and the distribution of firm-level performance: evidence for the role of ICT using Dutch firm-level data ［J］. The Journal of Technology Transfer, 2018, 43(6): 1522-1541.

［297］ PORAT M U. The information economy: definition and measurement ［M］.Washington, DC: U. S. Superintendent of Documents,1977.

［298］ PRADHAN R P, ARVIN M B, NAIR M, ET AL. Sustainable economic growth in the European Union: The role of ICT, venture capital, and innovation ［J］. Review of Financial Economics, 2019(1): 34-62.

［299］ QURESHI S. Social and economic perspectives on the role of information and communication technology for development ［J］. Information Technology for Development, 2010, 15(1):1-3.

［300］ RENUKA M, KALIRAJAN K P. On measuring total factor productivity growth in Singapore's manufacturing industries ［J］.Applied Economics Letters, 1999, 6(5): 295-298.

［301］ ROHLFS J.A Theory of interdependent demand for a communications service ［J］.The Bell Journal of Economics and Management Science, 1974,5(1): 16-37.

［302］ ROMM J.The internet and the new energy economy ［J］.Resources, Conservation and Recycling, 2002, 36(3): 197-210.

［303］ SADORSKY P. Information communication technology and electricity consumption in emerging economies ［J］.Energy Policy, 2012, 48:130-136.

［304］ SAIDI K, MBAREK M B, AMAMRI M. Causal dynamics between Energy consumption, ICT, FDI, and economic growth: case study of 13 MENA countries ［J］. Journal of the Knowledge Economy,2018,9(1):228-238.

［305］ SAIDI K, TOUMI H, ZAIDI S. Impact of information communication technology and economic growth on the electricity consumption: empirical evidence from 67 Countries ［J］.Journal of the Knowledge Economy,2015:1-15.

［306］ SAINI D K, PRAKASH L S, Gaur H.Software architecture for smart card: ICT solution for healthcare industry for sustainable development ［C］.the Second International Conference, ACM, 2016.

［307］ SALONER F G . Installed base and compatibility: innovation, product preannouncements, and predation ［J］. The American Economic Review, 1986,76 (5):940-955.

［308］ SEIFORD L M, ZHU J. A response to comments on modeling undesirable factors in efficiency evaluation ［J］. European Journal of Operational Research, 2005,161(2):579-581.

［309］ SHISHMANOVA M V.Cultural tourism and the stimulators RDI and ICT for its development ［C］. Istanbul, Turkey.2019.

［310］ SKORUPINSKA A, TORRENT-SELLENS J. ICT, innovation and productivity:evidence based on eastern european manufacturing companies ［J］. Journal of the Knowledge Economy, 2017, 8(2):768-788.

［311］ SMIT S, MUSANGO J K. Towards connecting green economy with informal economy in South Africa: A review and way forward ［J］.Ecological Economics, 2015,116:154-159.

［312］ SONG M, SONG Y, AN Q, ET AL. Review of environmental efficiency and its influencing factors in China:1998‐2009 ［J］.Renewable and Sustainable Energy Reviews, 2013, 20:8-14.

［313］ STIROH K J . Are ICT spillovers driving the new economy? ［J］. Review of Income and Wealth,2002,48(1):33-57.

［314］ TONE K. A slacks-based measure of efficiency in data envelopment analysis［J］. European Journal of Operational Research, 2001, 130(3):498-509.

［315］ TONE K. A slacks-based measure of super-efficiency in data envelopment analysis［J］. European Journal of Operational Research, 2002, 143 (1):32-41.

［316］ TONE K. Dealing with undesirable outputs in DEA: a slacks-based measure (SBM) approach［R］. Tokyo: National Graduate Institute for Policy Studies,2003.

［317］ VERDEGEM P, MAREZ L D. Rethinking determinants of ICT acceptance: Towards an integrated and comprehensive overview ［J］. Technovation,2011,31(8):1-423.

［318］ VU K M. ICT as a source of economic growth in the information age: empirical evidence from the 1996-2005 period［J］. Telecommunications Policy, 2011, 35(4): 357-372.

［319］ WALKER W. Information technology and the use of energy［J］. Energy Policy, 1985,13(5):458-476.

［320］ WANG H H.ICT and economic development in Taiwan:analysis of the evidence［J］. Telecommunications Policy, 1999, 23(3-4):235-243.

［321］ WANG Y, SHEN N. Environmental regulation and environmental productivity:The case of China［J］. Renewable and Sustainable Energy Reviews, 2016,62:758-766.

［322］ WEI C, NI J, SHENG M. China's energy inefficiency:A cross-country comparison［J］. Social Science Journal, 2011, 48(3):1-488.

［323］ YU Y, PENG C, LI Y. Do neighboring prefectures matter in promoting eco-efficiency? Empirical evidence from China ［J］. Technological Forecasting and Social Change,2018,144:456-465.

［324］ ZELENIKA I, PEARCE J M. The internet and other ICTs as tools and catalysts for sustainable development:innovation for 21st century［J］.Information Development, 2013, 29(3): 217-232.

［325］ ZHANG B, TIAN X. Economic transition under carbon emission constraints in China:an evaluation at the city level［J］.Emerging Markets Finance and Trade, 2019:1-14.

［326］ZHANG J, ZENG W, SHI H. Regional environmental efficiency in China: Analysis based on a regional slack-based measure with environmental undesirable outputs ［J］. Ecological Indicators, 2016, 71:218-228.

［327］ZHANG N, CHOI Y. Environmental energy efficiency of China's regional economies: A non-oriented slacks-based measure analysis ［J］. The Social Science Journal, 2013, 50(2):225-234.

［328］ZHOU C S, SHI C Y, WANG S J, ET AL. Estimation of eco-efficiency and its influencing factors in Guangdong province based on Super-SBM and panel regression models ［J］.Ecological Indicators, 2018, 86: 67-80.

［329］ZHOU P, POH K L, ANG B W .A non-radial DEA approach to measuring environmental performance ［J］. European Journal of Operational Research, 2007, 178(1): 1-9.